甘肃扶贫进行时

GANSU FUPIN JINXINGSHI

《甘肃扶贫进行时》摄制组 编

甘肃教育出版社

图书在版编目（CIP）数据

甘肃扶贫进行时 /《甘肃扶贫进行时》摄制组编. -- 兰州：甘肃教育出版社，2021.2
ISBN 978-7-5423-5097-8

Ⅰ. ①甘… Ⅱ. ①甘… Ⅲ. ①扶贫—概况—甘肃 Ⅳ. ①F127.42

中国版本图书馆CIP数据核字(2021)第029081号

甘肃扶贫进行时
GANSU FUPIN JINXINGSHI

《甘肃扶贫进行时》摄制组　编

项目策划　薛英昭
项目执行　孙宝岩
责任编辑　石　璞　李慧娟
书籍设计　石　璞　周佩玲

出　版　甘肃教育出版社
社　址　兰州市读者大道568号　730030
网　址　www.gseph.cn　E-mail　gseph@duzhe.cn
电　话　0931-8439931(编辑部)　0931-8773056(发行部)
传　真　0931-8773056
淘宝官方旗舰店　http://shop111038270.taobao.com

发　行　甘肃教育出版社　印　刷　甘肃春宇印务有限公司
开　本　787毫米×1092毫米 1/16　印张 19.5　插页 2　字数 110千
版　次　2021年2月第1版
印　次　2021年2月第1次印刷
印　数　1~3 000
书　号　ISBN 978-7-5423-5097-8　定　价　58.00元

图书若有破损、缺页可随时与印厂联系：0931-7672266
本书内容经作者同意授权，并许可使用
个别图片使用未能联系到作者，敬请图片作者与我社联系
本书内容未经同意，不得以任何形式复制转载

谨以此书献给
为脱贫攻坚作出贡献的人们！

甘肃扶贫进行时

BIANWEIHUI

《甘肃扶贫进行时》
编委会

主 编
孙伟 王嘉毅 陈青

副主编
郭锦诗

编 委
孟子为 金泓泉 刘震波 李楠

GANSU FUPIN
JINXINGSHI

甘肃扶贫进行时

壹
○
移民搬迁·篇

001/040

贰
○
劳务输转·篇

041/074

叁
○
产业脱贫·篇

075/110

肆
○
生态脱贫·篇

111/148

目录

伍
健康扶贫·篇

149/182

陆
教育扶贫·篇

183/218

柒
精神扶贫·篇

219/260

捌
帮扶扶贫·篇

261/304

移民搬迁·篇

YIMIN BANQIAN

2018年4月13日，驻村扶贫帮扶队队长刘板元，在这片兴建易地扶贫搬迁移民住房的台地上已经忙碌了整整一个上午。临近中午，她又要赶到纳拔山社与农民签订搬迁合同。合同不签，房子盖好农民也不来，那就是失败。农民对搬迁效果的顾虑是"山上土地比山下多"。

去纳拔山没有公路，人只能在崎岖的越走越高的山径上行走。山路狭窄，背着老式四比三屏幕电视机的农民只能侧身上山，刘板元说："这个社的人所有的生活用品都是这么背上去的。"

刘板元是甘肃省文学艺术界联合会文艺理论研究室的办公室副主任，体态娇小。去年来到沟底下村当驻村帮扶队长，兼任村第一书记。这个村距离她工作的兰州市有五百公里，刘板元来这里已经忙碌九个月了。她说她每天都累得腿发软，回到住所就像一堆泥巴，但她很快乐、很有成就感，因为在单位冗杂、琐碎的工作中，每天的心态几乎都是被动的。

其实，刘板元只是甘肃省222836名帮扶农民脱贫干部中的普通一员。这些帮扶干部遍布甘肃省每一个贫困乡镇的山寨和零散村落，最长的驻村时间超过三年。他们要帮扶农民实现脱贫后才会离去，有的还会继续留一段时间，以防建档立卡贫困户短时间内因为某种意外原因导致返贫。他们认为这是他们的职责，是他们参与实现国家全面脱贫目标应该做的。

通向纳拔山社的路单程4.5公里，纳拔山位于一条自北向南流向的山溪的西侧，山峰高峻，云雾缭绕。山上农民与外界的交通全靠步行；孩子在镇上读书，一周只能回来一次；盖房需要建材，一个壮汉一次也只能背回一袋水泥；有的老人生病不能下山治疗，去世就地安葬；山下天气很热，山上冷得还要烤火……这一切都让帮扶干部心里疼痛。

"这些盖房子用的水泥、瓦，这些沙子、钢筋、水泥，全是从山下背上来的。"陇南市武都区沟底下村纳拔山社农民赵满银指着自己孤零零立在近山脚的房子说，"背到这里需要走三公里，一天背一次。这些楼板、木头全是从山下背上来的，我整整背了两年多。"

纳拔山社的农民除了种植自己吃的粮食，唯一的副业收入只有养土蜂。这种蜂蜜一公斤可以卖到120元，对他们十分重要。

今天天冷，蜜蜂一只也不出来。

政府计划易地扶贫搬迁纳拔山社26户100人，签订搬迁合同进行得很顺利，这是刘板元他们几个月一直努力劝说的结果。

"搬到川里娃娃上学、生活出行、看病打工，干啥事都方便。"签订合同时农民说，"但没有土地种庄稼，吃啥？"

纳拔山村民的疑虑，是很具代表性的。他们说出了世世代代依靠土地生存的甘肃省贫困农民对易地扶贫搬迁持有的怀疑。

坪垭藏族乡是陇南市武都区唯一的藏族乡，是陇南市25个特困乡镇之一。全乡9个村共6270人，大多居住在多见云雾少见天的高山峻岭，滑坡、泥石流等地质灾害频发。2011

年腰道村人均纯收入仅仅只有 2130 元……

扶贫帮扶干部仔细分析后认为，就地扶贫由于自然条件太差、投资太大、难度太高，效果并不好，所以实施易地扶贫搬迁是唯一的选择。

"如果不能让他们心服口服地相信，易地扶贫搬迁就不可能，脱贫就更别谈了。"

于是，临近川区的1号安置区以"十四颗佛珠"为主题建设完成，以"莲花永驻"为主题的2号安置区建设完成。

两个项目都包括了各种公共服务中心，还有五种房屋户型供搬迁农民选择。

"已经搬迁的藏族群众说搬下来真的好，一切都很方便。"腰道村农民杨红武说，"过去一个人生病就下不了山，遇上下雨，几十个人也抬不出来……"

武都区的坪垭藏族乡移民搬迁安置区占地754亩，一切设施都很完备，没有遗漏。然而，种庄稼的土地在哪里？搬迁下山以后靠啥生活？他们问的和纳拔山农民完全一样。

事实上，这些已经不是问题。地方政府在扶贫攻坚上用尽了一切心思、想尽了一切办法，考虑到了每一个环节、每一个细节，早早就给他们规划出了切实可行、收入倍增的详细计划，并且已经实施。

坪垭藏族乡人大主席李席平说："搬下山，他们打工一年至少收入两万元。山上还有花椒树，山下还要搞民俗文化旅游，可以分红……"

刘板元也说："集中土地种植效益好，分红多。"

集中土地、专业化经营、收益分配给农民，这只是一个方面；方便农民外出打工、就近打工，做点小本生意是另一个方面。坪垭藏族乡居民全是藏族，搬迁安置区就有民族、民俗旅游项目，而且农民还可以把山上的土地作为生产基地，也就是留一个人在山上。或者定时、不定时派一个人住在山上，管理树木和庄稼，家人则在安置点生活，形成一户农民拥有川区生活、山上生产两个基地。

坪垭藏族乡山上主要种植花椒树，纳拔山社主要种植核桃树；距离它们五百公里左右的华亭县麻庵村，主要是养土蜜蜂，其次种些中药材。

华亭县归属平凉市，是甘肃省17个插花型贫困县之一。麻庵过去曾是一个乡，地处关山（也叫陇山）的天然林腹地，进出只有一条路。其中有秦直道、上畤和下畤以及古代的皇家养马场，风光无限美好。

麻庵的村庄都不大，居住分散，土地稀缺，农民的房子就像藏在山林中一样极难被发现。

山中遗留的简陋土坯房屋，就是他们易地扶贫搬迁之前贫困生活的物证。

好在他们已被搬迁到宽敞、干净的川区新农村，有的已经脱贫或者正在脱贫。

2018年4月17日上午，被易地扶贫搬迁安置到西华镇兴民村的农民张正军，收拾整齐家里的土蜂蜜后，准备到父母亲留守的麻庵老家去。他担心老家养的蜜蜂分蜂，父亲一个人不能收住。

走了三个多小时，张正军才到了距离老家不远的村土蜂养殖农民专业合作社。合作社是村委会按照"公司+村党支部+合作社+贫困户"的模式成立的，也就是县乡扶持、贫困户入股，由村里的养蜂能手集中养殖，出售蜂蜜、蜂蜡，把钱再分给入股农民。社址占用了闲置的公共场地，这些场地都被利用，没有一个浪费。

养土蜂是个好产业，麻庵的土蜂蜜一公斤普遍能卖到200元左右，比陇南市的贵很多。

今天是个好日子，合作社的蜜蜂接连分蜂。分蜂就是指蜂箱里的蜂王将王位让给另一只蜜蜂，自己率领蜂群三分之二的成员离巢另找新居，也就是蜜蜂分家，一窝变成两窝。这时养蜂人就得把分出的蜂群收住，不然分家的蜜蜂就会飞走成为野蜂，给农民造成损失。

张正军看到老乡忙不过来，就去帮助，收蜂他是内行。

为了保护这种能够帮助农民尽快脱贫的产业，华亭县禁止流动的意大利蜜蜂放养厂进入当地。因为意大利蜜蜂体型大、性情凶猛，会咬死当地的土蜂，这项规定深受当地农民欢迎。

家里没有分蜂，张正军就开始锄草。这块地上的植物学名叫刺椿，是中药材。刺椿长出的新芽叫乌龙头，是一种价格昂贵的野菜。

"乌龙头一公斤能卖到40元。"张正军说，"卖得好一年能收入两万元。"

麻庵废弃村庄里留守养蜂的农民不止张正军的父母。他们多是一个人，把老房当作养蜂基地，这是华亭县政府积极鼓励和鼎力支持的。一个人养蜂卖蜜的收入，一年就可以让一户贫困人家彻底脱贫。

住在山里养蜂的农民付永泰说，他一年能收入十几万元。

到了冬季，山里留守养蜂的人就要回到川区专为他们易地扶贫建设的安置新村。这里才是他们真正的家，老人、孩子、妻子都在这里生活。时间一长，山林深处的老家已是遥远的回忆。

搬迁的移民得到各种扶贫补贴，拥有一院房子，他们只出了很少的钱。

"我们家的房子我们只出了9000元。"华亭县西华镇什民村移民张玉琴说。

事实上，甘肃省易地扶贫移民之所以取得硕果遍地的成就，主要原因就在于四十年来甘肃省委、省政府持之以恒探索出这一条符合省情的扶贫之路：移民通过易地安置获得较好的生产、生活条件，得到发展的机会；移出后退耕的土地得以恢复原来的生态，成为绿水青山、金山银山。

甘肃位于中国内地的西北部，面积居全国第七位。境内山地、高原、沙漠、戈壁占总土地面积的85%，干旱少雨，可利用的土地面积小，水资源严重缺乏。各类从业人员平均受教育程度低于全国平均水平，长期以来是全国最贫困的地区，且贫困原因复杂、贫困时间长久、对贫困的认识也有局限性，甚至有人还有消极的心态。

在这样的背景下，甘肃省从1982年起响应国家"三西"

建设的战略部署，坚持36年的易地扶贫移民，仅甘肃中部地区就有60万贫困人口分别移居河西走廊和黄河沿线可开垦新灌区。

河西走廊是一条东西长1500公里，宽数公里至近200公里，为南北走向的长条形堆积平原，其上遍布绿洲，是一条经济、文化大通道。河西走廊位于祁连山以东，合黎山以西，乌鞘岭以北，甘肃、新疆边界以南，多指甘肃14个市州中的河西五市：酒泉、张掖、武威、金昌、嘉峪关。

高台县位于河西走廊中部，耕地面积较大，境内有黑河等6条河流，水面面积6.1万亩。许多戈壁荒滩只要修通渠道、引水浇灌，就可以开垦成良田。

高台县骆驼城镇的西滩村，现在是富庶安定的光景，谁相信它竟是一个易地扶贫搬迁的移民村？

魏彦海是西滩村现任村党支部书记。二十五年前，他跟随父亲从定西移民来到这里，是个"移二代"。

定西是甘肃省最干旱的地区，清代陕甘总督左宗棠所说的"陇中苦瘠，甲于天下"，写的就是定西。

村上的村史馆里有1990年魏彦海的父辈们从定西移民高台时带来的家当和农具，有初来时储存粮食的容器。

在一个按照照片复原的地窝子里，尽管陈设简单到只有煤油灯和床，经历者孙建业老人依然说它要比当时他们在定西的生活条件好得多。

当时是艰难的，然而也只艰难了几年。高台县优越的自然条件很快就使世世代代饿怕了、还没水吃的定西农民们一举拔掉了穷根。现在，想到干旱年份老家一片干巴巴刺目的黄褐色、几座山也难以生存一只野兔的生态环境，孙建业这一辈人觉得移民之路算是走对了。

"现在好，"孙建业老人说，"现在好得很。"

这就是易地扶贫搬迁的成效。在具体实施之初，它就显示出强大的可行性。较之在县区内易地扶贫搬迁的数目庞大的农民，魏彦海的父辈们只不过走得远了一些，但他们愿意、乐意这样做。因为他们相信如果他们当初不移民搬迁，魏彦海现在做的事情是绝对不可能实现的。

被称为戈壁新型产业、现代农业的种植大棚，魏彦海自己有20个，主要种植洋葱，一年挣百十万元一点也不费劲。

他给雇用的本村农民的工资，就达到44万元。

其实，在高台县的第二代移民中，魏彦海只是许多引领大家脱贫致富的能人里面的一个。经营这些产业的哪一个农民不是家财万贯，惠及乡亲！

定西市到高台县的路途有500公里，如果这算是一条长路，从甘南藏族自治州卓尼县易地扶贫移民到酒泉市瓜州县的农民，走过的路更是漫漫长途，它接近魏彦海父辈移民所走路途的三倍距离，超过1400公里。

甘肃省为了改变甘南藏族自治州和定西市干旱少雨为主因导致十多个县成为国家扶贫重点对象的现状，2002年在藏巴哇乡开始兴建九甸峡水利枢纽。枢纽工程位于甘肃省临潭、卓尼两县交界处的洮河中游九甸峡峡谷进口处，距离兰州市区190公里，属大型二等工程，主要建筑物为2级，以城乡供

水及工业供水、生态环境用水为主，兼有农业灌溉、发电、防洪、养殖等综合功能，可引洮河水灌溉11个县的土地。

在如此宏伟的水利工程面前，甘南藏族自治州和定西市的水库搬迁，带着移民脱贫的梦想来到了自然环境与家乡完全不同的瓜州。

瓜州县地处甘肃省河西走廊西端，东连石油城玉门市，西接敦煌市，南与肃北蒙古族自治县毗邻，西北与新疆哈密市相接，自古以来就是东进西出的交通枢纽、古丝绸之路的商业重镇。瓜州县是中国重要的风电基地，也是甘肃省17个插花型贫困县之一。境内有疏勒河、榆林河两大水系，有甘肃省最大的农业灌溉水库，全县平均每平方公里只有3个人。在如此地广人稀的土地上，把原本深陷贫困的九甸峡水库移民安置到这里，可谓高瞻远瞩。

移得出——住得下——先脱贫——再富裕，这些环节每一个都是关键，每一个关键都马虎不得。在甘肃省、市、县三级党委、政府的悉心呵护下，这些环节就像瓜州的植物，循着季节发芽、开花、结果、成熟、丰收，并且年年都是大丰收。

广至藏族乡就是一个典范。

它是一个新型农业综合开发乡镇，安置着卓尼县、临潭县、岷县3县7乡23个行政村的九甸峡水库移民，总人数9177口，其中藏族3218人。

2018年是广至藏族乡建乡10周年。

卓园村二组村民赞智在更换自家屋顶上祈福的经幡。

经幡在飘扬，桑烟在腾升，笑语在远传……这就是安居，这就是乐业，这就是美满。千里之外，信仰存续；祖辈的洮砚制作手艺——国家级非物质文化遗产——也在存续。

洮砚是中国四大名砚之一，因为始自宋代出产石料的老坑被九甸峡水库淹没，洮砚更为珍贵。

杜瑞天是卓尼县洮砚村人，带着洮砚石料移民来到瓜州，他成立公司，制作洮砚，在100公里之外的国际性县级市——敦煌出售，成为名副其实的文化传播者。

现在，甘肃省移民安置第一大县——瓜州县6个乡的8.2万移民，都像广至藏族乡的居民一样，在安置城镇和农村过着富裕、惬意的生活。为此，当地政府可是操碎了心。他们制定光伏发电扶贫、到户扶持、扶贫＋保险、订单农业、整合资金搞项目等五大计划，成为实现扶贫目标的有效保证。

新堡村农民安置房房顶的光伏发电设备，一套需要24000元，但农民出资4000元就可以安装，并且每年得到3000元分红，持续分红20年之久。

一座4兆瓦的光伏电站也是扶贫项目，它按照国家支持、企业投资、农民分钱的设计建设。实现发电以后，可以给6个村的800个贫困户每户每年分3000元。

广至藏族乡戈壁农业示范园区的一座蔬菜大棚，属于农民自发成立的合作社，指导作物种植的技术人员张洪武来自社里的合作单位山东省寿光市。寿光是全国最大的蔬菜集散中心，广至乡合作社可以把自己的蔬菜卖到东亚和中亚等国。

"这里的政策是瓜种子一粒一块钱，"张洪武说，"政府

出四毛、合作社出三毛、农民出三毛。这政策太好了，我们山东都没有过。"

这些大棚的经营方式也是十分独特的：农活紧张，譬如种棉花时，农民将大棚出租给合作社，当股东分红拿钱；农闲时农民收回大棚自己种植，得到更高的收入。

定西市岷县移民来的农民徐贵鸫说，他种植大棚半年已经收入八万多元，过去的梦现在实现了。

徐贵鸫的年收入是很高的。在甘肃省现有的贫困户中，不乏和徐贵鸫具有同样判断力与行动力的农民，但由于所处环境的局限，收入不可能像徐贵鸫那样高。但这是暂时的，他们在当地政府的大力帮助下已经打碎了贫穷的桎梏。

在甘肃省几乎每一个县、区通过易地扶贫搬迁、住进新家园的农民都和郭龙一样有一个看得见、完全可以实现的好未来。

松山镇德吉新村是天祝藏族自治县南阳山片易地扶贫搬迁工程的2号、3号移民安置点，总投资1.98亿元。现在入住894户，其中建档立卡贫困户377户1642人。

"搬得来、稳得住、能脱贫、快致富"，这个易地扶贫搬迁的目标在这个新村究竟实现得如何呢？

刘丁汉，藏族，建档立卡贫困户。他居住的周边都是大森林的朵什镇，属于祁连山保护区，2015年他搬迁来到这里。这位说话谨慎的人，在他的羊圈里变得话多了起来。

他的羊圈在扩建。他有两个蘑菇棚，每个200平方米。他说今年收成不好，只能收两茬蘑菇，好的年份一茬一万元，两个棚四万元。

现在，刘丁汉一家六口人日子已经过得很好，但未来——想想他三两年后的收入，他的生活又该是富裕到怎样被人羡慕的程度呢？

移民、搬迁，人挪活啊！

玉门市六墩村剪摘黑枸杞的老夫妻，是来自陇南市宕昌县的移民。他们感慨："这里路平啊，老家的山路太难走。"

2018年5月的一个中午，农民郭龙从寨子庄老家的窑洞里搬出一些日用品，准备拉到八珠塬村的新家。那是为易地扶贫搬迁农民建设的安置点，条件很好。郭龙老家的窑洞雨水渗漏，出现裂缝，居住危险，好在他家已经乔迁新居。只是父亲郭满国固执地还要住在另一孔窑洞里，他舍不得祖辈耕种过的土地。他说他一走，地就要撂荒，这是他不能接受的。父亲不走，郭龙就得时常过来看望，同时也帮助父亲操心庄稼。

这是郭龙在八珠塬村的新家。塬，指黄土高原被雨水、河流冲刷形成的台状高地，一般四边陡峭，顶上平坦。甘肃省庆阳市的董志塬是中国最出名的塬，民间常说"八百里秦川，比不上董志塬的边边"，就是赞扬其地大肥沃。

郭龙开着农用三轮车朝八珠塬村的新家驶去，沿途路边没有垃圾，麦浪起伏，树木葱郁。

郭龙是幸运的，和他一样幸运的还有324户农民。不远处的乡政府要把八珠塬村建设成美丽乡村，开展乡村旅游。这个项目并非单纯改善农民的居住条件、解决被安置农民打工、

移民搬迁篇 | 033

就医、孩子上学等具体困难，它具有长远的持续性发展特色。

实现八珠塬村的美好规划，乡上有充足的保障条件。这个村目前已经被国家列为全国乡村旅游扶贫重点村。除去美食、花卉等司空见惯的寻常旅游项目和景观，八珠乡独有的革命遗址、红色革命纪念馆是其他乡村无法复制的资源。

八珠乡位于环县东南部，环县位于甘肃省东部，是1936年解放的县。当时，中国共产党陕甘宁边区政府就设立在环县的河连湾，红军长征的最后一仗——山城堡战役也是在环县打响并取得胜利。尽管环县对中国革命作出过巨大贡献，但由于环境、历史、文化、交通、资源配置等诸多原因，环县仍然是个国家级贫困县。2017年，环县被甘肃省列为全省23个深度贫困县之一，全省3720个深度贫困村环县就有117个。

现在，环县把90%以上的精力放在脱贫攻坚上。易地脱贫搬迁投资达到1.5亿元，八珠塬村只是该项目之一，郭龙也是受惠的2499人之一。

以下是郭龙搬迁到他这个新家的资金明细账：

政府补助每人8000元，合计4万元。拿到贴息贷款16万元，分20年还清。自己只出了1万元。

这种计算，全甘肃省大同小异。陇南市的武都区、宕昌县，平凉市的华亭县，张掖市的高台县，酒泉市的瓜州县，几乎每一个县、区通过易地脱贫搬迁、住进新家园的农民都和郭龙一样负担轻微。

然而，也有不愿意搬迁的，譬如李芝玉。这位77岁的老

人独自住在这条大深沟的山湾湾。他家早已是靠自己能力发家的富裕户，他想把他们家的这些窑洞做成红色乡村旅游景点，不是为自己而是为周边的乡亲增加收入。

李芝玉的爷爷叫李风存，是环县第一任县委书记习仲勋于1936年发展的共产党员。因此，他家偏远、简陋、隐蔽，外人极难发现的四孔窑洞才成为红军进行艰苦卓绝战斗的指挥部所。

这个革命纪念馆是李风存的重孙李鸿章出钱修建的。

他依靠种树率先致富，致富后开发红色旅游。老一辈革命家彭德怀的侄女、左权的女儿、李富春的女儿都来过这里缅怀先辈。

当然，李芝玉家只是一个例外，他家具有的资源是独一无二的，但他利用红色资源主动发展旅游事业造福一方的做法，值得推广、效法。扶贫不单是政府的事情，尤其是在红色资源实在太多的环县。

易地脱贫搬迁的农民，住进了他们做梦都不敢想的好房子。大部分农民随着居住条件改变，生活、生产状态发生连续性的好转，最终实现了脱贫。这种事实每天都在甘肃省扶贫任务最重的甘南藏族自治州、临夏回族自治州、庆阳市、平凉市、定西市、陇南市、酒泉市、张掖市等频频发生，被作为好消息传播、鼓舞人心。

宕昌是全国最古老的县份之一，从东晋之后至今1711年没有更改过名称。该县地处青藏高原边缘与西秦岭延伸交错地带，地形地貌特殊。羌、藏民族杂居，民俗独特。冰雹、洪涝等自然灾害连年发生，是全国最贫困的县之一。

4月下旬，站在两河口镇山背村看风景，这里的景色就和西藏林芝地区的美丽相差无几。

风景这边独好，然而，好风景中的农民生活却叫人伤心。好在他们的这种日子已经结束或正在结束。他们实现了易地脱贫搬迁，直接搬迁到县城专修的小区。

在宕昌县建设的易地脱贫搬迁安置小区里，山背村农民实现了孩子们在县城上学、自己打工容易出行、老人们幸福安居、妇女们劳务减轻等所有梦想。

易地脱贫搬迁农民杨爱民的家里四世同堂，房子就四室一厅，两个卫生间。

搬迁户妇女杨爱民说："在山上做一顿饭就会落一身灰尘，现在用的都是电磁炉，干净啊！"

搬下山来是为了脱贫，为了让这些易地搬迁的农民有更多的收入，县上牵线把山背村和与之比邻的罗湾村，整体出租给当地最大、效益最好的官鹅沟旅游开发有限责任公司（后来承包给重庆市的公司），要求他们做旅游项目推广。

废弃的危房被推平，能用的房子租给旅游公司改造使用，农民成了股东，资源变成了资产。

宕昌县还鼓励进城农民同40多公里外的老家保持联系，支持他们把不好的土地退耕还林；在零星的土地上搞集中种植；给舍不得土地、留在山上种田的农民提供生产周转居住房，帮助他们组建果蔬合作社，种植辣椒、大蒜，养殖蜜蜂和鸡。

这些项目每一项都有可观的收入，事实也深刻教育了对易地脱贫搬迁持怀疑和犹豫态度的农民。

开始拒绝易地脱贫搬迁，现在又为急着搬迁和镇党委书记蔡鸿鸣发生争执的农民，从他的认识转变可以看出农民对易地脱贫搬迁的接受过程：搬迁的确是一本万利的大好事。至此，两河口镇的山背村和罗湾村已经有82户397人搬迁到了宕昌县城。一切都在变好，脱贫指日可待。

甘肃省地形狭长，气候差异很大。当陇南市南部油菜花开得一片金黄，河西走廊还是冰天雪地。县与县不同、村与村各异，这就使甘肃省实施易地脱贫搬迁具有很大的差异性。各市、县、乡、村正是在实施易地脱贫搬迁中按照自有的特点和特色制订方案，这才保证了易地脱贫搬迁的效果。易地脱贫搬迁，作为甘肃省扶贫攻坚的一项重要举措，实践证明了它的力量就像自然的力量一样强大。2018年，甘肃省第二批安排易地扶贫搬迁贴息资金达到18421万元。这是春风，也是春雨。届时冰融雪化，甘肃大地的另一番美丽，必将妖娆芬芳，格外灿烂。

劳务输转 · 篇

LAOWU SHUZHUAN

马家后湾一个院落的三间西房，高估冒算也只有27个平方米。这是甘肃省东南部典型的农村小房子，进深超不过三尺三。进门就是炕，说的就是这种房。这三间房子，一间做饭，一间睡觉，活动场地只有中间一块，又被一张桌子占了五分之一的位置，不足一步宽的屋檐下堆放着梯子等杂物和农具，一个背篓和屁股接触的地方竹条残破，就用塑料绳编补着。

2018年的22个月之前，天水市麦积区伯阳镇韩河村一组的建档立卡贫困户闫凤娥全家五口人都住在这个炕上。她的儿子1986年出生，当时29岁；大女儿出嫁前42岁，都住在这里。

她家没有通电，闫凤娥家桌子上的煤油灯里还有多半瓶煤油。这个灯就是一个普通的装白酒的玻璃瓶，塞紧的瓶口中间就是捻子。

"来的亲戚都会说，这一点点炕，娃娃那么大了，在一个炕上咋住哩？"在长满荒草的院子里，穿着白色T恤的闫凤娥难为情地说，"我都没法张口回答啊！"

现在，闫凤娥家已经搬到了山下川地上的新农村，是全村最后搬迁的一户。

新农村的家里只有闫凤娥一个人，丈夫、儿子分别在北京、苏州打工。丈夫和她同岁，2018年是60岁。她丈夫在北京市丰台区一家企业安排看大门，一个月收入2800元。闫凤娥被白玲英介绍外出打工，每月有4000元工资。

没有白玲英，闫凤娥他们家就不可能搬迁，更不可能脱贫。白玲英是他们家的恩人。闫凤娥见到白玲英时感激的话就说得没完没了，忙着切开一个西瓜，给白玲英吃。

感激白玲英的不仅只有闫凤娥，还有闫凤娥所在这条沟里的几乎所有人家。

热情留住白玲英吃手擀面的韩河村二组妇女李万花，她家新盖的房子、有顶棚的院子，也是依靠白玲英介绍他们外出打工才建起的。

"这几年打工就挣了这些房子和院子，"李万花说，"花了二十几万元。"

备受这些农民尊敬的白玲英，45岁，是天水火柴厂改制后的下岗职工。她现在是天水天兴人力资源有限公司的法人代表，也是天水市人民政府劳务工作办公室聘任的劳务经纪人。

白玲英热心肠，闲不住。不顾入伏天气的炎热，她去天水市秦州区太京镇川口村落实一个建档立卡贫困户妇女外出打工的细节。

准备去江苏省打工的妇女叫吴巧霞，家里六口人，两个65岁以上的老人，两个孩子，小的6岁。丈夫张彦平2012年2月被汽车撞得大脑受损，不能劳动。

张彦平的父亲说儿子的头骨是用塑料修补的。现在全家就靠着政府按特困户补助的每月1200元过日子，六分川地上种植的三十多棵苹果树就是家里所有的收入来源。

打工休假回村的崔响花是吴巧霞的同村朋友，她通过白玲英介绍外出打工，每个月可以挣到4500元。现在她假期已到，

吴巧霞便决定跟她一起去江苏省苏州市打工，但牵线搭桥还得靠白玲英介绍。

因为雨水冲毁了公路，没有班车，第二天，白玲英就让丈夫开车来接吴巧霞和崔响花。

吴巧霞离开时6岁的女儿拉着妈妈的手不肯松开，吴巧霞也是一次次抚摸着孩子的头发。

在天水火车站，她俩和白玲英介绍的另外5名打工者会合在一起。

火车到达苏州需要22个小时，和吴巧霞同行的妇女有几个都是第一次出远门，白玲英一面关照着她们，一面和苏州的企业沟通。

白玲英介绍她们打工的巨腾国际控股有限公司是一家台商独资的大型企业，有员工12000多人，主要为戴尔、苹果、索尼等国际知名企业提供产品组装、成型生产。由于天水市劳务输转的务工人员占到了该厂员工的30%，所以获得特别批准在厂内设立"天水市人民政府劳务工作办公室驻厂办"。

为了让吴巧霞这样的深度贫困户多一点收入，白玲英介绍吴巧霞和崔响花到该厂的App车间工作。

厂里的王小菊也是白玲英介绍来的，她在这个厂已经工作了6年。她月均收入4500元，家里因此于2017年就实现了脱贫。

比王小菊工龄少一年的同乡王瓜花，也是建档立卡贫困户。她的月收入比王小菊多200元，因为她加班加得多。

陈红霞倒是不加班。她也是天水市麦积区伯阳镇人，在北京一户人家做家政服务——照顾一个老太太——已经整整九年，每个月收入5000元。这使她不仅还清了家里的借款，也再没有为一个上中学、一个上职高的孩子的学费发过愁。她认为照顾老人是很好的工作，吃住不花钱，挣的全部实落给自己。最近丈夫让她回天水，她拒绝了。她想再干上几年，再挣点钱，回去就可以盖新房子。

陈红霞很善良，她还先后把老家的近20个贫困户姐妹介绍来北京做家政，使她们家和她家一样都脱了贫。她新近介绍来3个务工妇女，正在接受北京当地妇联的培训，培训结束后就可以工作。

输出一人，脱贫一户。但凡开展劳务输转、有人外出打工的家庭，其脱贫所用的时间与速度较之没有劳务输转的家庭都更短、更快。

"孩子在外打工，"平凉市庄浪县水洛镇二李村九社农民唐安全说，"每年能挣四五万元，我在家又贷款买拖拉机，一年也能挣两万元左右，家里情况现在就好得很。"

在精准扶贫的伟大实践中，甘肃省对劳务输转的支持是事无巨细的。贫困户没钱买车票，政府送；没地方去打工，政府联系。前提是你有意愿，愿意外出务工。

临夏回族自治州是全国两个回族自治州之一，总人口220万，有回、汉、东乡、保安、撒拉等42个民族。临夏州是甘肃省深度贫困地区，截至2018年还有20多万人口没有脱贫。针对境内没有大型工矿企业，临夏州便把劳务输转作为脱贫攻坚的"百亿产业"之一。临夏州努力拓展上海市、江苏省、浙

江省、福建省等地的用工市场，持续向那里输转未就业的大、中专毕业生和农村剩余劳动力。

浙江闻泰通讯股份有限公司是我国技术领先的移动终端和智能硬件生产企业，年产值达160亿元。目前职工有10000人，临夏籍的员工占到10%，2017年全体临夏籍员工领到工资6000多万元。

马进龙是个新员工，2018年三月初带着妻子、大儿子和儿媳妇以及2017年初中毕业的小儿子共五口人，一起到闻泰通讯公司打工。稳定的收入，成为他们家脱贫的保证。

"我们家来工厂还不到两个月，"马占义在车间说，"就挣了一万八九。"

充分认识劳务输转对精准扶贫的作用，绝对不能看轻甘肃省各级政府推出的各种看得见、摸得着的政策补助。广河县对外出务工满一年的农民，补助现金3000元，半年的减半补助。

今天，正好赶上广河县水泉乡老庄村庄窠路十社的马占祥盖房子。房子很气派，大门更漂亮。

他家过去借住的是窄小的土房子，现在能盖得起如此一院好房，就是县上劳务输转，他外出打工挣回来的。

"现在一个月，我和妻子打工收入8000多接近9000元。"马占祥停下手中的活说道，"不打工，这房子盖不起。"

房子盖好，马占祥还要去福建省玉晶光电（厦门）有限公司打工。妻子和他同去，母亲也要去，只是母亲去是为了给他们看孩子。

像马占祥一样家里有事请假回来的还有马小忠。他是广河县齐家镇皇家沟村六社农民。家里八口人，有 8.2 亩山地，7 亩种玉米，剩余 1 亩大多种土豆。说实话，指望这些庄稼收入让建档立卡贫困户脱贫，根本没有可能。

"一户人家只要有两个人出去打工，"广河县人力资源和社会保障局科员马维清说，"一个人收入有 4000 左右，一家人就能有 10 万元，再加上县上奖补的 9000 元，那就到 11 万元了。"

马小忠去厦门打工，每月收入 4000 元，县上劳务输转半年的补助 1500 元，他已拿到手。

"收入真的好。"他说。过几天他就回厦门继续打工。

甘肃人普遍老实厚道，干活认真，吃苦耐劳，坚持多年的劳务输转，在全国创出了备受赞扬的劳务品牌。譬如天水的"白娃娃服务员""飞将保安""羲里娲乡家政大嫂"，礼县的"礼贤妹""礼贤嫂"等等。

甘肃省共有 86 个县，其中贫困县 75 个。75 个贫困县中又有 58 个县、区，分属国家六盘山、秦巴山和藏族居住区三大集中连片特殊困难地区，还有 17 个是插花型贫困县——也就是省级贫困县。2017 年，甘肃省输转城乡剩余劳动力收入 1028.7 亿元；截至 2018 年 5 月底，劳务输转已经完成全年计划的 88.1%，劳务收入 447.9 亿元，完成全年计划 1050 亿元的 42.7%。

这个成绩是甘肃省 14 个州、市近 300 家劳务机构组织劳务输转和少部分农民自发走出去打工共同创造的：路途再遥

劳务输转篇 | 053

远，都不能阻挡他们脱贫致富的梦想与奔走。

阿里，位于西藏自治区西部，全地区人口仅6万，是世界上人口密度最小的地区。政府所在地狮泉河镇距离甘肃省省会城市兰州有3600多公里，然而，也有甘肃农民在那里打拼。

26岁的临夏县红台乡东乡族农民牛福才，高中毕业后先在内地大城市打工。2014年他到阿里做生意，现在正在装修他经营的第二家宾馆。

他还带去几个老乡在阿里发展。2018年春天，他借钱给马一四夫帮他开了家牛肉面馆。

贫困，对这些来自深度贫困县的农民来说，现在变得越来越遥远了。

比阿里地区条件不知好到哪里的西藏自治区首府拉萨市，也有甘肃省平凉市静宁县自发到那里进行劳务输转的农民。

马小江，1971年出生，为了摆脱贫困，2013年告别父母和两个孩子来到拉萨市。由于在老家学得一手修剪苹果树的好技术，在西藏自治区农科院一干就是六年。

甘肃省向省外劳务输转的500多万剩余劳动力对精准扶贫的助推力量十分巨大、成效十分突出。然而，大规模的劳务输转也给家乡带来了一些问题。譬如，村庄里出现了老人多、娃娃多、撂荒土地多等一系列具体问题。

"现在乡里年轻人都走完了，"白银市会宁县八里湾乡富岔村农民黄孝义说，"村里都是看家、看门的老人。"

对此，各级政府都在寻找一条兼顾各方面利益的平衡之路。

灵台县是个和陕西省五个县接壤的国家集中连片特殊困难

地区的贫困县。灵台县计划2018年实现全县整体脱贫,其中一条可靠途径就是"引导输出劳务脱贫一批"。然而,他们的输出劳务是围绕县域经济,而非远走他乡。他们探索出"党组织+劳务公司+企业+农户"的劳务输转助推精准扶贫模式,现在已经成为典型经验被全省借鉴。

曹军秀是灵台县星火乡老户村社的建档立卡贫困户,孩子小,只能就近打工。上午,她来到村支书白拴祥家借用电脑在网上找工作。

"灵台智慧劳务"信息管理平台有务工信息、用工信息、劳务公司等7个功能模块,主要针对全县农村劳动力和用工单位之间信息联系渠道窄的现实状况而设置。它一上线就解决了供方农民找不到活做,需求方有活找不到农民做的突出难题。

曹军秀在白拴祥的帮助下,很快落实了自己的打工事宜,第二天就去当保洁员。

在一家做流转农民土地种植果树业务的公司,地里劳动的人来自周边的好多个村社,他们是通过本地的福民劳务公司找到这份活的。

福民劳务公司是白福民开办的,他当过兵,在北京打过工。2013年回到老家流转90亩土地种玉米,不料农忙时找不到干活的人。这事启发了他:把愿意打工的农村闲散劳动力登记造册,哪里需要就把他们介绍到哪里去干活,这对大家都有好处。于是,他注册了公司,登记农民340人,其中有146个家里是建档立卡贫困户。

劳务输转篇 | 059

"协议由劳务公司、建档立卡贫困户和村委会三方签署。"白福民说。

白福民还流转农民土地搞种植。现在,农民给他挖土豆,他按照劳务市价给农民发工钱。

能在本地打工的农民是幸运的。

"我一天挣二百多块钱。"平凉市庄浪县盘安镇周家村五社农民张扁来拄着铁锹说。

有活干,就有收入,但有活干的前提是有需要农民干活的工地、场所。好在,现在到处都有建设工地,就看人家要不要。不要,如何完成精准扶贫呢?这事得靠政府。

平凉市静宁县送人去内蒙古自治区打工的大巴,一次就是三五辆。

甘肃省在鼓励农民外出劳务输转的同时,又大力推进农民工返乡创业,其实它们并不矛盾。因为农民工返乡创业原本脱胎于"输出一人、脱贫一户"的劳务输转范畴。比较起来,一人返乡创业,就能带动一群人、一批人脱贫,而非一家一户的脱贫。2017年,甘肃省返乡创业农民工累计达到20.6万人,创办各类经济实体3.6万个;2018年甘肃省还要再建设20到30个返乡创业示范、孵化基地,确定3至5个省级农民工返乡创业示范县。

这是一个抓住了关键的决策。一般在外打工且有积蓄的农民工,基本都具有吃苦耐劳、眼界开阔、判断能力强、认识市场准确、知道如何处理各种关系的能力。这些农民尽管学历低,但他们从自身经历中积累的经验、学到的应用型技能,弥

补了知识的不足，创业极少失败。

徐金宝，1995年从庄浪县水洛中学初中毕业后就去北京华夏制衣公司打工，当时他才17岁。当学徒四年后，他又到浙江在北京的一家私营企业当生产管理员。这期间，他从庄浪县、甘谷县、通渭县、张家川回族自治县、武都区替他所在的企业招收员工，最多的一年带出去470多人。这些县、区都是甘肃省的国家扶贫工作重点县。

2002年，徐金宝带出去的农民工每月收入600元，2017年收入8000元。就在他被提升为企业高管、拿更高的薪水时，他却带上妻子回到老家庄浪县，要自己开办工厂。

两口子的积蓄有170万元，向银行贷款60万元，服装厂就这样开工了。公司招收的110名员工里面建档立卡贫困户就有36名，其中有不少是离不开家庭的贫困户人员。

张旭红，34岁，家里7口人，丈夫患病，两个孩子，两个60岁以上的老人。中午大家休息了，她还在干活，工资是计件制，她想多做一些。

"这份工作对我家来说非常重要，"张旭红转过头来说，她的手还在缝纫机上，"我家的劳动力就我一个。"

这样的工厂徐金宝有两个，每年他支付员工工资300万元。

"我们厂是计件工资，"徐金宝说，"技术好的贫困户能拿到两万七八，技术不好的也有一万六七。"

就地打工，就地挣钱脱贫，这正是甘肃省鼓励与提倡的劳务输转。

在农民工返乡创业活动中，退休人员是不能被忽视的一支力量。经验、资金、信息等各种资源都成为他们创业并对地方精准扶贫作出贡献的保证。

中华联合财产保险股份有限公司甘肃分公司原法人代表祁成民退休后，在民勤县昌宁镇承包土地 500 亩，建农场、种大枣。

他把鲜枣存储在金昌市的冷库，春节期间发往北京等地销售。全年支付 28 位雇用农民的工资 76 万元，人均超过两万七。

马俊河也是民勤县人。民勤县是腾格里沙漠和巴丹吉林沙漠中间的绿色楔子，是阻挡两大沙漠合拢的绿洲，但也是个插花型贫困县。

马俊河原来在兰州市工作，2009 年辞职回乡成立拯救民勤志愿者协会，次年注册生态沙产业专业合作社。他常年雇用当地农民种树治沙，一面提高农民收入，一面实现环境保护。

冬天，他们压草。

春天，他们种树。

10 年时间，在 8000 多名志愿者的参与下，他们共同种植梭梭 1.4 万亩，成活率在 85% 以上。

10 年时间，最早种的梭梭已经成林，还有副业，苁蓉就长得很好。

的确，就地劳务输转既能照顾家庭、庄稼，还能在好政策的支持下做点什么，这是当下不少农民共有的认识。

"这些年来，我们累计发放的劳务费共计 420 多万元，"马俊河在沙漠雕塑前说，"给两千多农民提供过务工机会，中间有许多建档立卡贫困户。我能为他们的脱贫做点事，也很欣慰。"

玉门市六墩镇安康村二组，年轻的建档立卡贫困户谢明正在给她的芦花鸡喂食。

一年前，她在酒泉市火狐狸批发城打工。她认为打工不如自己干，就回家办起了这个养鸡场。

一只鸡苗12元左右，谢明出6元，其余的政府补贴。一只鸡饲养170天就能出栏，价钱在80元到100元之间。谢明第一次出售150只芦花鸡就卖了1万元钱，而且还是客户找上门来买的，这叫她很是高兴。

"我一共养了500多只鸡，"谢明说，"就指望靠它脱贫哩。"

学习谢明的样，这个村的14户建档立卡贫困户家家养鸡，收入都有大幅度增加。

现在，甘肃省河西走廊地区无论摘棉花、摘枸杞、种地、挖甘草、挖洋葱等，一个农民一天至少收入150元以上，这对精准扶贫委实是个利好消息。

要带动贫困户脱贫，必须是自己先脱贫了才能带动别人，否则，就是有菩萨心肠也不能把助人脱贫的美好愿景变为铁铮铮的事实。然而，民营企业家田积林已经实现了这种抱负，成为带动精准扶贫的榜样。

田积林是静宁县人。静宁是国家扶贫工作重点县，总人口48.89万人，是甘肃省的劳务输转大县。县里为了精准脱贫，一边积极对外开展劳务输转，一边要求县内各种项目最低也要雇用占比30%的本县农民务工。

然而，田积林的甘肃德美地缘现代农业集团有限公司，却在优势更大的就地劳务输转上做出了榜样性的示范。

"农民工给我们流转土地最多的一户有五亩地，他收入就有五千元，"田积林说，"他妻子在我这里打工，他本人在我的建筑工地干活，工资更高，年收入有四万元，两个人七万九的收入，实际已经脱贫了。"

在田积林自有的公司、园区内，精准扶贫建档立卡户共有367户，企业帮扶他们在2018年实现了全部脱贫。

367户，这不是一个小数字。在这1300亩苹果基地上劳动的490个农民工，他们都给田积林流转了土地，再被他雇用，因此实现了收入倍增的愿望。

"开始的时候，我们弟兄俩做的是房地产。"田积林说，"后来我做商贸流通，挣了一些钱，又投入农业产业，就带动更多的贫困户脱贫。"

欣叶集团是由静宁县开卡车出身的返乡农民裴晓江投资建设的工业品纸厂。

330个本地农民在这个车间就业，有的贫困户还在这个车间恋爱、结婚，然后脱贫。

"我们就是在这个厂子认识、结婚、成家立业的，"工人李红芳说，"我们两口子在厂子收入一年是七万多元。在2018年，我们就脱贫了。"

事实证明，农民工返乡创业对家乡精准扶贫起到的巨大促进作用，不仅仅局限在就地解决了多少农民的就业和务工难题，它在改变劳务输转形式和方向的同时，也改变了当地农村

精神与生态的面貌。

只有在南山才能看到临洮县太石镇三益村的全景。这些过去连吃水都困难的村庄，现在已经呈现出现代化和美丽乡村的许多特征。即使是南山后面，也是别有话说。

樱桃园。

枣园。

这满山种的是叶子黄色的观赏树。

"再过几年你来看看，这里到处都是风景。"

正在改变三益村的人叫龚志荣，是个17岁开始在兰州市白天卖菜、晚上睡车站的农民。历尽艰辛致富后，他带着3200万元，返乡创业。

他流转农民土地13000亩，综合整治5000亩，2017年农林收入562万元。对于贫困户脱贫，照他说根本就不在话下。

"我们这里的三个贫困村，"龚志荣说，"我来的时候总共有400多户贫困户，今年我们两个村整体脱贫、整村脱贫。"

领头雁、带头人、引路人、能人，都是对返乡创业农民的尊称。的确，这些人是值得称赞的，他们的做法是值得效仿的。

放牛娃出身的卢锁忠，卓尼县人，藏族。经过拜师苦学，他现在已经是国家级非遗代表性项目洮砚制作的传承人。他在临洮县的家是个典型的前店后厂，也就是前面临街的店铺在卖洮砚，后院的厂子在生产洮砚。他带着15个建档立卡贫困户的汉族、藏族徒弟，每月发给他们5000元的工资，帮助他们

全部实现了脱贫。

甘肃的秋天，万物生长的气息越来越弱，很快大地将被白雪覆盖。在看似平静的表象下面，万物都在静静地积蓄着力量，仿佛是等待春天蓬勃生长前的休息。劳务输转前的技能培训就像西北冬天的植物，逢时就会绽放灿烂的花朵。

"月嫂"是一个市场需求大、收入高，甚至是收入很高的职业。李亚霞是个经过培训的合格月嫂，现在却在培训过她的静宁县实达职业学校就业，原因是她有四个女儿、一个儿子，娃娃多，使她离不开家庭外出打工。她很羡慕那些自己的月嫂同学，因为她们的高收入对她来说就是刺激。

"我们一起的已经有五个到北京去当月嫂了，"李亚霞说，"她们每个人最低每月都是一万五千元的收入啊。"

毫无疑问，经过职业培训，拥有一技之长再劳务输转的农民，都比单纯依靠出卖力气的农民挣的钱多，因此脱贫的速度也更快。

年轻的罗继良是个建档立卡的贫困户，哥哥车祸身亡，家里只有他和提不起一桶水的生病的父亲。这使他不得不离开在内蒙古的打工单位，回到静宁。他参加县上免费的挖掘机操作培训，那是专门为农民进行劳务输转开办的。

雇用罗继良的吕贤康就是个返乡创业的农民工，以前他在新疆、内蒙古、陕西省、四川省打过工。2014年回到家乡，经营一大一小两台挖掘机。今天的工作现场是拆除一户农家院落，退房还林。由于场地窄小，难度大时，他会自己操作，同

时也给罗继良做示范。工作到下午，罗继良就要骑摩托回家给父亲做饭。今年，他也能脱贫，因为，他现在一个月能拿到4000元工资。

和罗继良家境一样困难的、比他家稍好一点的建档立卡贫困户，无论男女、老人、部分残疾人，他们通过劳务输转进入到普遍人工费用高的各行各业做常年工、季节工、打短工的队伍中，收入多了，脱贫的日子还会远吗？

产业脱贫·篇

CHANYE TUOPIN

庆阳市合水县腾飞林下野猪养殖农民专业合作社靠近子午岭。子午岭，唐代以前称"桥山"，地跨陕西、甘肃两省，处于黄土高原的腹地，山势呈南北走向，介于泾河与洛河两大水系之间，也是秦汉时代黄土高原上南北向要道。山脉岭脊筑有秦直道，南起云阳，北达九原，主要有五亭寨、兴隆关、艾蒿店、雕令关、金锁关等。

2018年7月26日下午6点，合作社的高音喇叭响起了节奏有力的歌曲，树林里渐渐出现了三三两两的野猪。它们早上下到深沟，自找吃喝，傍晚回圈，喇叭里的歌声就是呼唤野猪回圈的号角。

这些野猪绝大多数是第三代，一代野猪极其凶猛，二代也不好养。进食时咬得其他野猪叫唤的就是二代野猪，一代只是当种猪圈养。

腾飞林下野猪养殖农民专业合作社的野猪超过500头，它们的肉一公斤能卖到54元。

野猪养殖场是8户农民入股共建的，也是合水县探索扶贫带动机制的示范基地之一。其做法是合作社向11户建档立卡贫困户赊借价值2500元的基础野母猪，回收他们繁育的野猪仔；或者是养殖场赊借野猪仔给贫困户，等他们把野猪仔养大养肥，合作社再以高出市价的价格回收，以此进行精准扶贫。

这种方法对缺资金、没技术的建档立卡贫困户，增加收入效果是很突出的。

合作社社长陈志飞说他带了93户贫困户，每户每年可以分到3675元。

建档立卡贫困户王国宏就是这种扶贫带动机制的受益者。

他依靠合作社养野猪，2018年收入了8~10万元，脱了贫。

脱贫之前，他家六口人就住在破旧的窑洞里，现在已经搬到了新农村。

像合水县腾飞林下野猪养殖农民专业合作社一样的合作社，在甘肃省已经不是新鲜事物。作为精准扶贫、精准脱贫的一种带动模式，它们已经相当普遍。它们就像夏天的花朵，盛开在甘肃省精准扶贫的每一个山寨村落、每一户人家。

2018年7月，甘肃省农牧厅在白银市会宁县召开的"全省贫困村农民专业合作社扶贫带贫现场推进会"，一次就推出100例典型。

黑毛驴过去是农民种庄稼离不开的帮手，现在由于农业生产机械化的普及，人们把驴变成了仅仅为获得驴肉和驴皮才饲养的经济型动物。会宁县饲养的4.3万头黑毛驴中，贫困户的饲养量接近一半。全县带动10户以上建档立卡贫困户养殖黑毛驴的合作社就有34家。

福康养殖公司成立于2010年，公司不仅自己养殖黑毛驴，还把公司办成了贫困户的"托驴所"。会宁县要求每个贫困户饲养五头以上基础母驴，五头之内每头可以得到5000元补助。由于补助高，贫困户都买了驴，然而，有的不会养，有的又被驴拖住干不了其他事，比如外出打工、种庄稼等等。于是，"合作社＋贫困户"的模式出现了：贫困户把驴交给福康养殖公司这一类的专业合作社饲养，每年领取固定分红，自己还有时间从事别的工作，大大加快了脱贫的速度。

产业脱贫篇 | 081

"驴的价格每头8000元，"会宁县畜牧兽医局党支部书记李克绪说，"相当于10只4月龄的羊，效益特别显著。"

平凉市庄浪县水洛镇吊沟村的肉牛养殖场也是这种模式，只是规模更大。

平凉红牛是当地的优质肉牛，这个产业链可以使贫困发生率达到20.73%的水洛镇吊沟村实现脱贫。于是，牛场由县农发公司注资建成，把吊沟村的92户建档立卡贫困户全部纳入养殖合作社，再给他们提供牛、提供饲料，还包销售。贫困户可以用政府补助买来的基础母牛寄养在这里，吊沟村的肉牛养殖场中，就有58户贫困户寄养的基础母牛。每年每头牛分红1000元；如果自己饲养，可以把牛随时牵走。

归纳起来，甘肃省产业精准扶贫中形成的农民专业合作社主要有这些类型：

村党支部+公司+合作社+农户；

公司+合作社+农户；

公司+基地+农户；

合作社+农户；

农户+农户。

这些类型体现了每一个地方政府务求实际的行政能力。

玉门市柳湖镇富民村一组农民王世全，在2019年8月的最后一天开着自己的汽车来查看正在兴建的日光温室。这个温室属于包括他在内的5户农民。温室长70米、宽10米，建成后计划种植小西红柿，至少人均收入6000元。

王世全原是建档立卡贫困户，2016年脱贫，属于巩固提升脱贫成果的对象，所以，他仍然享受着"脱贫不脱政策"的待遇。政府很担心某些意外因素会导致这些刚刚脱贫的人重返贫困，也足见政府想尽一切办法扶持贫困户的用心。

柳湖乡有150户建档立卡贫困户，兴建日光温室每个贫困户能得到2万元政策补助。一座温室需要10万元才能建成，单个贫困户建不起。于是，乡政府出面组织五户联建，建成后转让给专业技术合作社经营，给他们固定分钱。这不仅增加了他们的收入，还不影响他们现在的生产活动。

由于自然日照资源丰富，日光温室在甘肃省河西走廊的扶贫成就一直是被大书特书的，这个戈壁滩上新型的现代产业不仅改变了传统的农业耕作方式，也改变了农民的意识。

玉门市清泉镇跃进村建成的日光温室、拱棚共780座，清一色种植着人参果。人参果是"国家生态原产地产品保护"的草本植物。

"人参果一年四季都结果实，"清泉镇农业综合服务中心主任张志文说，"平均年产量10000斤左右，创造收入大约40000万元。贫困户种一个棚，一到两年就可以脱贫。"

人参果学名南美洲香瓜茄，果肉味道独特，很受市场追捧。

农民王耀仁是千里之外的会宁县迁来的移民，他的日光温室今天要来玉门市铁人干部学院的人。铁人就是王进喜，他是玉门本地人，他忘我拼搏的实干作风成为中国工人的精神楷模。

王耀仁今天没有摘卖人参果，相邻温室的主人有了机会，

她卖出17箱，拿到了850元现金。

河西走廊的日光温室是农民脱贫的指望，河西走廊之外的农村则多是塑料大棚。大棚的造价远远低于日光温室，但兰州市、天水市、定西市、平凉市、庆阳市、陇南市大棚里的蔬菜、高原夏菜对精准脱贫起到的作用却不输于日光温室。

甘肃康源现代农业有限公司跨乡镇在兰州市榆中县夏官营、小康营、新营等7个乡镇兴建高效钢架冷棚2000多座，对建档立卡贫困户采取先建大棚、再包销蔬菜的做法，附之"合同种植""订单收购"，使农民户均收入增加5000多元，成为兰州市农业产业化重点龙头企业。

陈玲是建档立卡贫困户，她把家里的土地流转给康源公司后，自己又在该公司打工，等于有了两份收入。

"我的丈夫也在这家公司的菜库上班，"陈玲在大棚里停下手中的锄头说，"我们两个一年收入六万元左右。"

因此，2018年，她家就脱了贫。

"农忙的时间，我就在自己的地里干活。"定西市安定区香泉镇陈家㞧村五组农民马淑花说，"地里活干完了，就去打工。"

马淑花是建档立卡贫困户，也是流转土地给公司，再给公司打工，借此脱贫。她打工的地方就是建在乡上的定西马铃薯研究所。

马铃薯，也叫洋芋、土豆。由于土壤、气候适宜，马铃薯一直是甘肃省的主要粮食作物之一，现在已是甘肃省的大产业，定西市就是出了名的薯都。

定西马铃薯研究所是合伙企业，20多年来一直从事马铃薯脱毒原原种、原种和商品薯的研究、生产与销售，2017年创汇就达到800多万美元。

研究所流转定西市安定区香泉镇农民土地280亩、投资1.1亿元，正在建设马铃薯原原种标准化生产示范基地。基地需要劳动力，香泉镇农民就给它打工，工钱还比较高。种庄稼的男性农民，一年也有15000元的收入。

比起定西马铃薯研究所，平凉市庄浪县马铃薯脱毒种薯繁育中心在带动贫困户脱贫方面做得更接地气。他们研究的庄薯三号，每亩地产量可以达到9800斤。2018年，繁育中心向种植马铃薯的建档立卡贫困户投放脱毒种薯，实现脱毒种薯种植7.63万亩，总产值达到10亿元，使庄浪县农民在马铃薯种植的亩均纯收入增加1000元以上。

一亩地多收1000元，这不是个小数字。

在庄浪县马铃薯脱毒种薯繁育中心，你会看到工作人员精细到像绣花一样，处理马铃薯比豆芽菜还细弱的苗子和喷水式繁育的马铃薯。这些，总会让你感叹科技的进步。

甘肃是一个农业省，土地总面积国务院勘测公布为42.6万平方公里，居全国第7位。但山地、高原、沙漠、戈壁占去了85%，剩余的土地大部分干旱少雨，水资源严重缺乏。在这样严酷的自然环境里，两千七百多万陇原儿女，艰难但毫不气馁地生活着，依靠世代积累的农事智慧和经验，在贫瘠的土地上种出了自己的特色。

拉路梁属于宕昌县哈达铺镇，满山遍野种植着党参、当

归、大黄等中药材。由于以家庭为单位生产、销售，药材质量再好也卖不上价钱。农民富不起来，多数还是建档立卡的贫困户。

冉平忠是上哈竜村二组的建档立卡贫困户，家里六口人，有11亩土地。7亩种药材，自种自卖，年年都被收购商压价。

2016年6月，村上成立中宏中药材农民专业合作社，冉平忠流转土地，再给合作社种植药材。药材经过合作社统一收购，数量达到120吨。货多能拿住商人，价钱自然就卖得高。参与合作社的13户贫困户，户户增收，冉平忠的7亩地收入就超过了一万元。

宕昌出名的优质中药材终于成为上哈竜村贫困户脱贫的主要产业。

拉路梁还是一个独特的中药材种植旅游景点，就像河西走廊多地种植藜麦一样能吸引游客。

藜麦原产于南美洲安第斯山区，联合国粮农组织认为藜麦是唯一一种单体植物，即可满足人体基本营养需求的食物，正式推荐藜麦为最适宜人类的全营养食品。

位于河西走廊中段的永昌县是甘肃省17个插花型贫困县之一，贫困人口分布在东寨镇等7个乡镇的38个村庄。

东寨镇的藜麦是2016年通过招商引入种植的。藜麦在整个生长期只需要浇一次水，人工和生产资料投入少，但经济效益远高于小麦、玉米。种植藜麦农民每亩地可以增收1000到1500元，是推进精准扶贫的一个好产业。

于是，永昌县养生三宝食业有限责任公司流转新二坝村农民土地 4800 亩，建成藜麦种植示范基地。没想到这个成熟时由绿转红的农作物，首先带动了永昌的旅游产业。

祁连山前，红海一片，群雀如波，煞是壮观。

在三宝食业公司的藜麦加工厂，50 多位当地农民在这里就业，其中就有给公司流转土地后又在藜麦加工厂打工的建档立卡贫困户，现在他们都已经脱贫。

永昌是最早引进藜麦种植，却不是种植面积最大的县，天祝藏族自治县的藜麦种植规模目前名列甘肃省第一。

天祝藏族自治县属武威市管辖，是中华人民共和国成立后第一个实行民族区域自治的地区，4 镇 5 乡共有 28 个民族，其中藏族占少数民族人口的 81.7%。

天祝县的大面积藜麦还没有到成熟的时间，成熟时它们也会变红，那时，也许这片天空都会被它映成红色。

优质藜麦在市场上一公斤价格在 120 到 160 元之间，这就决定了它一定会被做强做大。2018 年，甘肃省筹措 100 亿元产业发展担保资金，为 1000 亿元特色产业发展工程贷款提供担保服务，目的就是促使每个贫困县给自己的特色优势产业组建一个以上带动能力强、辐射面广的龙头企业，加快产业精准扶贫、脱贫的进度。

陇南市宕昌县已经开工建设的金鸡产业扶贫工程，是财政部等部委和北京德青源农业科技股份有限公司发起的投资收益型产业扶贫计划项目，总投资 16670 万元，到 2019 年 8 月项目建成。蛋鸡和青年鸡——也就是 7 到 20 星期的母鸡——存栏数为 60 万只，直接给宕昌县 130 个贫困村、10000 多人固定

分红。

事实上，这个大项目在建设阶段就已经带动了贫困户产业扶贫。

"我家四亩四分地流转给鸡场，"宕昌县南河镇任藏存一社农民朱伏华在金鸡建设工地说，"收入3540元。我在家照顾小孩和老人，结束了来这里打工，一天还有100元的收入。"

大产业扶贫面积大、人数多、成效显著，小产业自是遥不可及。然而，大产业也存在着建设工期长、资金大、用地多以及市场变化快带来的诸多风险。密如撒豆般遍布山乡村镇的小企业，把牛、羊、菜、果、马铃薯、中药材等甘肃省的六大特色产业，以机动灵活的经营方式，附之专业合作社的帮助，弥补或填补了大产业的空白和缝隙。其遍地开花的形态，把精准扶贫做得风生水起，成绩斐然。

60岁的邓粉梅一个人独户居住在一条南北走向深沟的山湾，家里不通公路。她是庆阳市庆城县蔡口集乡周家塬村的建档立卡贫困户，儿子在银川市打工，曾经接她去一起生活，但孙子上幼儿园一年15000元的报名费，直接把她吓了回来。

现在政府在尽一切力量帮扶她。然而，为她一个人硬化一条路，怎么说都不划算。但看到她的生活，帮扶干部心里疼痛，就计划把她搬到新农村去。他们牵线把她现在没能力种植的40多亩土地流转给种草专业合作社，流转土地获得的收入也会帮助她早一天脱贫。

流转邓粉梅土地的庆城县国瑞草业综合开发农民专业合作社吸收了85户农民，其中23户是贫困户，主要种植苜蓿。

苜蓿是多年生草本植物，在汉代经过丝绸之路由西域传入，有"牧草之王"的美誉，一次种植可以收割8年。

国瑞草业在邓粉梅的土地上种苜蓿，以后的收割、运输都是合作社的事。按照这种方式，国瑞草业合作社和农民签订协议种草1.7万亩，农民每亩收益预计在1300元左右。

能开到邓粉梅地里的只有大型拖拉机，三台拖拉机不到一小时就把地种好了。这也告诉人们农业产业化根本就不是靠镢头、锄头、铁锨、背篼、个人力气实现的。农业机械半小时完成的作业，邓粉梅一个人即使体力好至少也要劳累大半天，何况她已经60岁了。好在她现在可以坐在家里拿合作社给的分红。

冉海云是临夏县的建档立卡贫困户，他在神韵砖雕厂一年能挣五万多元，实现了脱贫。

砖雕是临夏回族自治州的国家级非物质文化遗产，多是作坊式的生产。公职人员毛兴文退休后因为个人爱好于13年前成立了临夏神韵砖雕有限公司，把砖雕做成了产业。在他的公司里，像冉海云这样的建档立卡贫困户有23户。由于工作稳定，收入高，2014年就有15个员工全家实现了脱贫，其余8户2018年也已摘下贫困户的帽子。

"这些全是工人的汽车、摩托车，"毛兴文在宽大的车库转身指着车辆说，"很多工人还在市里买了楼房。"

谢谢，善良的人；

谢谢，帮助贫困户的每一个人！

甘肃省在空前的脱贫实践中，把牛、羊、菜、果、马铃

产业脱贫篇 | 097

薯、中药材列为六大特色产业，仅从牛、羊产业的快速发展就可以见证这六大产业的绩效。

这是深度贫困县——古浪县国有公司的养殖园区，存栏肉牛11500头。公司从当地吸收300户建档立卡贫困户，把政府给他们每户两万元的财政支农资金入股公司，每年按10%给入股农民分红。

古浪县横梁乡党委书记卢继发说："我们全乡未脱贫户一共是844户，这个牛场的贫困户一共是550户，达到了我们全乡未脱贫户的60%。"

2018年11月6日，该公司一次为所在地横梁乡440户贫困户分红135.44万元，户均3100元左右。

三种澳大利亚羊被空运到甘肃省，落户古浪县黄花滩移民区。引进它们的目的是改良羊种，但最终目的则是助推当地甚至更多地区的贫困户脱贫。

由此可以见证，甘肃省在进行精准脱贫攻坚战中已经具有了国际视野。

"引进的澳大利亚羊，"古浪县黄花滩移民区兴盛种羊繁育公司总经理胡丛斌介绍道，"和我们的湖羊杂交之后，生出来后代的市场价格比我们普通的湖羊羔价格要翻一番。把它们投放到贫困户当中去，我们贫困户的收入就会翻倍。"

甘肃红川酒业有限公司是家民营控股、国有参股的股份制白酒酿造企业，2018年上缴利税第一次超过两亿元。已经去世4年的董事长茅德贤老人是甘肃十大慈善人物。传承了父亲品德的儿子茅宇，则把慈善行动转到了精准扶贫上。他结对帮扶成县袁大村建档立卡贫困户17户，其中还有五保户和痴、呆、智障及大病患者16人。

扶，就要把他们扶起来。

五个月时间，茅宇投入25.38万元，修缮改造贫困户住房，对7户大病特殊家庭用资金进行额外帮扶；五个月时间，17户贫困户全部达到脱贫标准。

从2018年起，甘肃红川酒业有限公司还为成县9907户贫困户每年投入526万元带贫专项资金开展精准扶贫。

带贫专项资金，这是一个新的扶贫举措。

事实上，只要有人带，居家妇女的好针线活也能卖出挣钱；居家妇女的做饭好手艺都能做成产业，实现最终的脱贫目的。

冉玉翠，81岁，宕昌县沙湾镇大寨村第4队农民，她用土猪肉做的臊子存放时间可达一年以上，且谁吃谁夸奖，但她做的臊子从没有被带出过自家的大门。

年轻的宋鹏，人送绰号"臊子书记"，三年前从天津大学来宕昌县沙湾镇大寨村担任党支部第一书记。虽然他任期已满就要回去，但宋鹏利用当地农民手艺带给精准扶贫的启发却存留了下来：扶贫路上可不能忽视身边的存在，它们没准就是个好产业项目。

2018年2月，在宕昌当地首届电商年货节上，冉玉翠做的沙湾臊子一个上午几十瓶被卖空，这让农民们很是惊讶。

谷子，俗称小米，就是被我们忽视过现在又被重新开发的传统小杂粮。

张掖市花寨小米种植专业合作社是2008年由甘州区花寨供销社发起成立的新型经济组织，农民可以自愿入社参股。

今天，合作社的商标为"金花寨"的产品在全国11895家超市销售，主打产品谷子同时也成为张掖市26个精准扶贫村脱贫的核心产业。

过去由粮食贩子控制的谷子收购价是每公斤1.6元，现在合作社与农民签订的谷子保底合同价是每公斤3.6元，只此一项农民每亩地就增加收入1526元。

依靠农民增收的推动，张掖市谷子种植面积由2008年前的500亩发展到现在的12万亩以上，辐射带动了山丹县、民乐县、临泽县、肃南裕固族自治县31个乡镇、81个村社的近万户农民实现增收脱贫。

不起眼的小杂粮，如今在环县、会宁都成了精准扶贫的大产业。

利用本地资源、本地特产、本地文化兴办以牛、羊、菜、果、薯、药等六大特色为主的产业，尽管各地规模不同、形式各样，但对甘肃省精准扶贫起到的大力推动作用却极其重要，没有它就不行。

六盘山特困片区——灵台县的建档立卡贫困户曹根寿60岁（2018年），妻子王淑秀50岁。全家四口人，一个孩子在北京打工，一个孩子病在家里。贫困和焦虑使得王淑秀干什么都显得着急、紧张。

王淑秀劳作的这片土地，是面积仅次于董志塬的中国第二大塬——什字塬。王淑秀是个季节工，和她一起劳动的妇女有

84位家庭是建档立卡贫困户。她们没技术一天也能挣上60到80元钱，最多的一年可以挣上21000元，已经有40户贫困户实现了脱贫，这对王淑秀是个激励。

雇用王淑秀劳动的甘肃齐翔农业科技有限公司是个在什字镇投资3亿元开发农业项目的企业。公司流转农民土地4000亩，与周边479户农民签订长期用工协议，三年时间劳务支出超过320万元，建档立卡贫困户在公司都能受到特别的照顾。

习近平总书记强调："在扶贫的路上，不能落下一个贫困家庭，丢下一个贫困群众。"

王淑秀绝对不会被落下、被丢下。

9月的瓜州县布隆吉尔草原，就像东非的大草原一样美。尽管布隆吉乡只有建档立卡贫困户112户275人，政府仍为此作出了周全的脱贫部署。

种植枸杞一亩地平均收入可以达到5000元，这是好产业，于是，2017年布隆吉乡种植枸杞2万亩。这是1个万亩标准化示范基地，1千亩的示范基地在布隆吉乡还有3个。

把农民零星种植的经济作物，引导、扶持做成产业，其扶贫的力量就会爆发式地释放出来。现在布隆吉乡的贫困发生率仅仅为0.17%。

枸杞——红红的枸杞，红红的产业，它能把贫困户照到脱贫，也就能照到他们富裕、他们小康。

2018年8月1日上午，甘肃和家和餐饮管理有限公司的办公室主任张鸣迎来了久等的客人——从文县碧口镇来的胡琰均。胡琰均是四川人，研究生学历，在四川辞职后来甘肃省与人合伙开办帮助农民卖土特产的公司。

没有寒暄，签约仪式立即开始。

甘肃和家和餐饮公司是跨省、区拥有23家狗不理自营门店的企业，被它接受和先付款再供货使胡琰均明白，她到兰州的第一步走得很成功，是个好兆头。

胡琰均发来的产品被和家和公司免费提供场地展销，醒目的标志就是"背出大山"。

背，意味着不通公路，全靠人畜运输，就像农民给胡琰均的公司送蜂蜜。

至于"背出大山"的大山，究竟有多大呢？

山比天高，这是人们对国家扶贫工作重点县文县的通常描述，碧口是甘肃省最南部的镇子，差不多人人都说四川话。

8月10日，胡琰均一行要去范坝镇查看合作农民养蜂的基地。

凌晨5点出发，10点一刻才到乡村公路的尽头，再去基地，就得步行。

沿路尽是罕见的好风景，它彰显了白水江国家级自然保护区的工作业绩。

水沟社农民许有安是个建档立卡贫困户，他的蜜蜂养殖场有了如今的规模，就是依靠胡琰均的文县事丰农业开发有限责任公司给他无偿送来的大批蜂箱并收购他的蜂蜜，才使他把养蜂从副业变成了主业，同时实现了脱贫。

土蜂蜜的价格通常一公斤能卖到120元以上，胡琰均公司

产业脱贫篇 | 105

截至 2017 年底同 602 户农民——其中贫困户 407 户——签订了中华土蜂养殖协议，免费给他们发放蜂箱、蜂具、蜂种共 8972 套。这就使许多贫困户像许有安一样得到有力帮扶，实现脱贫。

文县事丰农业开发公司帮扶农民建设的木耳基地接近山尖，这里下山委实不容易。木耳好储存，易运输，是个适合当地大力发展的产业。

突如其来的一阵暴雨停了，椴木棒上的木耳像绽放的花朵。黑木耳的价格比土蜂蜜低，但种植工艺简单，更适合没有文化的贫困户种植。

淋过雨的农民们回家了，他们中间的 51 户建档立卡贫困户，已经有 42 户依靠种植木耳脱了贫。

产业啊产业，它就像大小不一、形态各异、万紫千红开遍陇原大地的花朵，在任何一个人、任何一户人家、任何一个村寨，都展示出甘肃省精准脱贫攻坚战一定会在中央部署的时间内取得完胜。这就是甘肃省产业扶贫持续释放的信号。

生态脱贫 · 篇

SHENGTAI TUOPIN

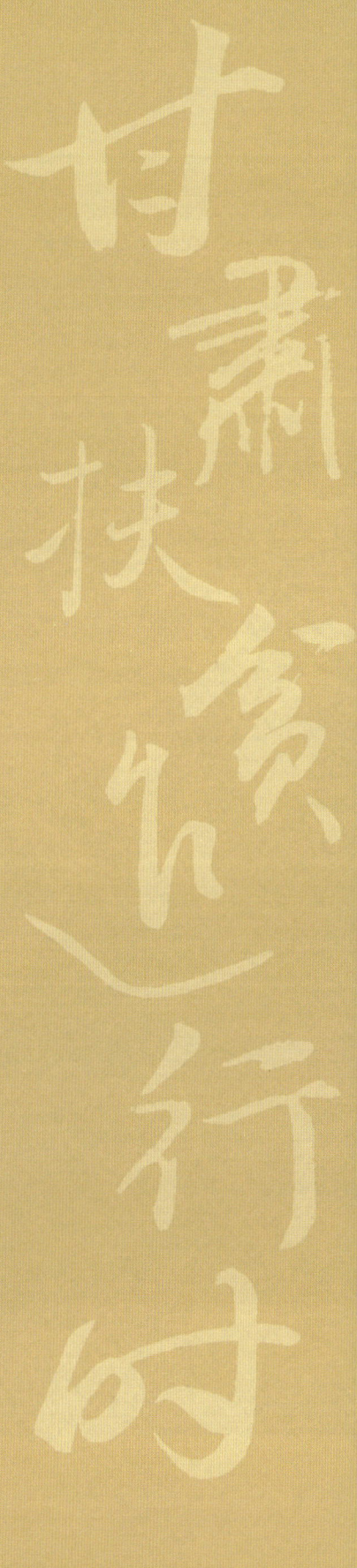

在中国，沙漠面积排名第三的巴丹吉林沙漠和第四的腾格里沙漠之间有一个青土湖，位于甘肃省民勤县，它是两千二百多年前的典籍《尚书·禹贡》中记载的 11 个大湖之一。1949 年前水域面积仍有 100 多平方公里。20 世纪 50 年代末，由于上游石羊河流域的过度开发和截流，导致青土湖完全干涸，当地农民成了生态难民。

我们通过 2002 年青土湖的一段影像，就能看出当时的荒凉惨景：水井干涸，土墙倒塌，十户人家九户锁门。

"民勤县，鬼见愁，四面都是沙漠流。"当地农民说，"年轻有为向外流，乡镇村庄都成空壳喽。我们这个地方的人全跑掉了，三百多口人只剩下六十几个了。"

全国政协原副主席、水利专家钱正英两次考察民勤县后痛心地说："青土湖是中国历史上最短时间内消失的最大湖泊。"

今天，消失的青土湖回来了。它水面广阔，芦花成片，野鸭水鸟嬉戏湖中，彰显出沙漠湖泊特有的无穷魅力。

这是从中央到地方共同努力完成的生态修复大工程。

生态一词，源于古希腊文，是指家或者我们的环境，也就是指一切生物的生存状态，以及生物之间和生物与环境之间环环相扣的关系。青土湖生态修复的受益者首先就是为了精准扶贫识别的建档立卡贫困户。

西渠镇顺号村在青土湖边上，是民勤县的 38 个贫困村之一，117 户人家中有 88 户是贫困户，但他们在 2016 年就全部实现了脱贫。

湖边的顺号村短时间内实现了全部脱贫，靠的就是生

态——人与环境之间环环相扣的关系。

温红霞，42岁，是顺号村的建档立卡贫困户。她个子不高，但很精干。她把家里的12.5亩土地流转给村里可以入股的旅游公司，自己变成公司员工，每年纯收入7到8万元，加上两个儿子和丈夫的收入，终于使她的家发生了翻天覆地的变化。对此，她自己认定就是生态扶贫给她带来的福分。

她过去的家是土院土房土大门。

"这就是我们老家住的旧房子，"温红霞说，"现在我们村上的人全部搬到新农村了，这些地方以后全部就拆了，退耕还林就成林地了。"

"我们家的水窖，从井上拉水回来，我从结婚就吃这个窖的水，一直吃到现在。我们搬到新农村就不用吃拉的水了。"温红霞打开家门对面小房子的单扇门，指着中间的水窖说，"水质不好，但吃了一二十年。"

她现在的家是砖房、水泥地、铝合金门窗，并且一进前后两院。

像温红霞一样，顺号村几乎每一位农民都感激村办的旅游公司。在这里，每个过去是农民今天是公司员工的人员工资已经占到了员工家庭总收入的26%，以后还会提高。

2014年成为国家地质公园的官鹅沟大景区，位于宕昌县。景区瀑布数座，有高山湖泊、古柏奇树、珍稀野生动物、溪流巨石。岳藏甫村就在景区内，全村147户人家里面有五保户、低保户、建档立卡贫困户共96户。岳藏甫村经济落后，但生态资源非常丰富，搭乘官鹅沟创建5A级旅游大景区的顺风车

开展生态扶贫，乡上认为是个天赐的良机。

在"公司+生态旅游+贫困户"的范式里，农民以闲置房屋、土地流转作为资金入股，再到公司就业，开展一系列与生态旅游相关的活动，直接使贫困户受益达到134户432人，彰显了生态扶贫的广度和力度。

事实上，依靠生态扶贫实现精准脱贫在甘肃省是一个处处闻之、处处见之的普遍现象。它是甘肃省精准扶贫的一件利器。而其千差万别的具体做法，恰好凸显了各地政府立足当地生态而不盲目模仿、生硬移植某个成功案例的理性态度。

甘肃省地处黄土高原、青藏高原、内蒙古高原的交会地带，拥有海洋以外的所有地质地貌。它构成的生态文明和生态文化，在甘肃省精准扶贫中展现出的能量，已经使其成为脱贫攻坚战取得全面胜利的必要条件。

尕海在甘南藏族自治州碌曲县境内，是我国少见的集高原湿地、高原草甸等三重功能形态为一体的自然保护区。尕海的美丽就像藏族少女纯洁的眼睛、面向太阳的宝石，它放出最璀璨光芒的时间，正是它在精准扶贫伟大实践中显示出不可替代作用的日子。

尕海和周围的生态景观，吸引了全国大量的游客，借此把没有定居点的藏族游牧民安置定居在这条旅游黄金大道上，实现帮扶他们脱贫的目标。尕海镇尕秀村安置点建成了，街道、广场、经塔，应有尽有。祖祖辈辈随季节迁移牧场的游牧藏族牧民有了永久的居所，完成了历史性的转变。

2018年9月的一个中午，66岁的卓玛草正在打扫着自家的客房。客房有12个床位，干净整洁，墙壁和地面都是木头装潢。它是专为来尕海的游客提供住宿的。客房收费依照丈夫贡保加所说，一晚上二三十元、五十元不等，任游客随便给。即使这样低的收费，2017年6个月他家也收入了3000多元，加上儿子在牦牛养殖合作社的更高的收入，他家已经脱贫并且直奔小康。

谁会想到，15年前他们还是居无定所的游牧人家，3年前还是建档立卡的贫困户，可现在已经接近小康。

和贡保加在同一条街道的一位已经脱贫的藏族妇女，家里经营的则是时尚生活的标志——咖啡馆。想一想，十几年前，她家也是游牧人家。茫茫草原，天高地广，挤奶、拾牛粪、打酥油、接羔。咖啡？那时她恐怕听都没有听过吧？

尕秀村现有391户人家，村上以打造甘南藏族自治州第一个村级4A级旅游景区为目标，生态畜牧业与文化旅游业、生态保护和产业发展同步推进。2017年接待游客30万人次，帮扶全村82户贫困户脱贫66户，2018年再脱贫13户，剩下3户也要在2019年实现脱贫。

在距离尕海更近的秀哇村，放牛的次智加木措是个建档立卡贫困户。他家的280亩牧场在尕海自然保护区核心区，被列禁牧之后，保护区以一亩草场100元的价格补偿他。仅此一项他一年就收入28000元，加上另外300亩草场自己放牧的收入，因此一举脱贫。

"我放牧还挣不到28000元钱，"次智加木措说，"现在一年收入确实很好。"

生态脱贫篇 | 121

看到听到这些,由不得你会感慨:尕海啊尕海,你用千古的美丽助力生态扶贫,脱贫的牧人也用对你格外的呵护表达着感激,以此做出了人与自然和谐相处的榜样。

利用生态保护开展精准扶贫是甘肃省的共识,它具体到对某一个生态区、点的认知,然后利用、发掘、扩展和宣传,把其中吸引人的内容直观地呈现出来。开发生态旅游,游人多了,贫困户能不受益吗?

不建厂房不盖楼,绿水青山招人游。茶饭住宿给你用,合理收费客多留。

妥建成是张掖市肃南裕固族自治县的牧民,他开办牧家乐重要的一项增值收入就在于他把销售活畜变成了他家供给游客餐桌上的肉制品。而他的投资,也就是在自家门前的草地上搭建了的几顶帐篷,供游客吃饭而已。如此,一只羊就能多收入600元,他家能不脱贫、能不富裕吗?

"我经营牧家乐三年多了,"穿着民族服装的妥建成说,"累计经济收入超过了15万元。"

事实上,妥建成所在的大河乡西岔村是个远离县城的建档立卡贫困村,找到、走到都不太容易。然而,由于生态好,2018年全村接待游客1000多人,从事农家乐、牧家乐的农牧民收入都超过两万元,19户建档立卡贫困户全部脱了贫。

这些活生生的事实,正是甘肃省各地积极大力推进生态扶贫的原动力。

"朝那湫"是高山湖泊,位于庄浪县郑河乡上寨村东北。尽管《山海经》把它列为秦汉时期国家水祭大典的圣地之一,

然而，朝那湫并没有给在这片土地上挣扎的农民带来福祉，只有它那无论旱涝水位不增不减的神奇，被当地农民口口传承。至于它拥有的避暑、休闲、度假、养生、旅游的现代功能，一直隐没深山，没几个人知道，更没人想到开发。

现在，精准扶贫、精准脱贫的号角已经吹响，是时候了，是朝那湫为当地深度贫困的农民造福的时候了。

国有庄浪关山文化旅游投资有限责任公司成立之后，朝那湫得到了专业规划、大资金开发，所在地上寨村也成立了旅游专业合作社，上联公司、下带农户，全村年收入达到 30 万元，建档立卡贫困户拿到了从来没有过的资金保底分红和入股分红，生活开始向脱贫靠近。

陇南市宕昌县由于气候变化无常，地质灾害频发，是全中国最贫困的县之一。县内的哈达铺镇是决定中国工农红军长征命运的重要决策地。1935 年 9 月，红军在哈达铺镇第一次明确提出"到陕北去"。现在哈达铺是全国爱国主义教育示范基地，然而，哈达铺镇至今仍是精准扶贫的重点乡镇。

拉路梁是哈达铺镇的中药材种植基地，这里生态独好、风景独好，层层山脉呈现出优雅的蓝色，其上白云生出，云朵密密实实，边缘层次清晰，野花种类繁多，漫山遍野开放。于是，和中草药有关的人、事与植物在此都成为酝酿发展旅游的题材。

事实上，旅游景区都是以优美的生态做基础支撑的，依靠旅游景区精准扶贫实质就是仰仗生态环境。宕昌县官鹅沟大景区内的建档立卡贫困户脱贫相对容易，就是因为他们拥有稀缺

生态脱贫篇 | 125

的生态资源。

农民除去自发地开客栈、开农家乐、开商铺、开小吃摊、就地务工、就业之外，政府的参与则因其资金多、力量强、辐射面广，能够促使更多的贫困户短时间内脱贫甚至富裕。

由村合作社改造的一户藏族农民家的老房子，就是游客的心仪之地。

"我们是灾后（汶川大地震）重建时易地搬迁的，他们一家住到易地搬迁那边去了。"年轻的村主任杨小春说，"然后把这边的房子全部腾出来改造成农家客栈。像这个床，一张床是60元钱，这四间房子就是三张床，一晚上就是180元钱。"

改造后的一间房一天可以收入128元，15间房子两个月收入18000元，合作社一年分给房主5000元。周围的25户建档立卡贫困户被分红所吸引，都把房屋入股到村合作社，期望自己脱贫的时间指日可待。

良好、优美的生态就是绿水青山和由绿水青山引申的金山银山，守着金山银山却成为精准扶贫户委实让人难以接受。为了摆脱贫困，贫困户自身也在进行着不懈的拼搏。然而由于着急焦虑，缺乏正确的认识和准确的判断，他们采取粗放的甚至接近野蛮的生产方式，造成了对生态的破坏，结果是贫困没有改变，反倒加深了贫困的程度。肃南裕固族自治县大河乡西岔村的农民牧场就是这种现象。

这种现象不改变，生态扶贫如何进行？生态保护岂不是一句空话？

建档立卡贫困户赵志峰，家里5口人。2016年去世的母亲

去世前生病十年，巨大的经济压力，使他在自己的1854亩草场上，养了160只羊。超载放牧的羊只啃光了地皮、啃出了草根，危及草原生态。

"载畜数量太多的时候草就贴着地皮长，就这么高，"赵志峰蹲下来指着草比画说，"你看现在就是十公分了，以前早就给羊啃光了。"

现在好了。肃南裕固族自治县的祁连山牧场又成了金牧场，而这个革命性的转变完全是生态扶贫实现的。

为了让和赵志峰一样的贫困户在自己的牧场上不要过量载畜、控制牛羊数量，肃南裕固族自治县对牧民兑现了草原生态保护补助和奖励，并为他们配发了优质的高山细毛羊。这种被昵称为"懒羊羊"的羊，产羔多、产毛多还毛质好，几项收入加起来，比为了保护生态少养的羊价值还要高。

具体计算一下，赵志峰在他同样面积的草场上少养了60只羊，政府就给他每年补助17000元，还无偿给他17只下羔的高山细毛羊。这种羊产的羊羔一只能卖700元。2016年，赵志峰出售70只羊羔收入5万元，卖羊毛收入2万元，再加上淘汰母羊、搞汽车运输和流转28亩土地，以及养老收入，脱贫几乎就不是个事情。

和开心的赵志峰一样，肃南裕固族自治县大河乡西岔村2015年识别的19户建档立卡贫困户，在2017年就全部实现了稳定脱贫。

看看他们的牧场，你就会明白赵志峰为什么常常笑嘻嘻的。

陇南市的康县是个国家扶贫工作重点县，县里连个较大型

的工矿企业都没有，只有好的生态。生态好，当地政府就搞生态扶贫。

长坝镇花桥村 215 户人家中贫困户有 126 户，占比超过一半，扶贫任务重，唯一具备利用价值的只有生态环境。生态好那就建设美丽乡村，在此基础上再完善升级，开展乡村旅游，借此实现脱贫。这是决策者的设计，执行从 2012 年开始。

长桥、河水、大树、村舍、会议接待中心、雕塑、在外购买的黑天鹅、村史馆、小吃摊，到处干干净净，没有垃圾，吸引了络绎不绝的游客……经过 7 年的努力，花桥村告别了昔日的破落，成为中国最美村镇、国家 4A 级旅游景区。村里的 126 户建档立卡贫困户，2018 年只剩下 5 户 8 个人没有脱贫。那些脱贫户保守计算年收入都在 10 万元左右，贫困对他们已是遥远的过去。

"我在家里，照顾着娃娃，"杨田苍抱着孙子说，"也能挣到三万到四万元。"

花桥村如今已成为生态扶贫的"花桥经验"，这经验为甘肃省"千村美丽"示范村建设项目提供了参考。千村美丽项目在甘肃省深度贫困地区已经建成了 253 个，它以村容村貌洁美、田园风光宜人、村风民风和谐为目标，把《甘肃省深度贫困地区脱贫攻坚生态扶贫实施方案》在具体的乡村改造上直观地展示了出来。

美丽啊，真的美丽！甘肃的乡村，甘肃乡村的生态。

甘肃是中国唯一拥有高原山地气候、温带大陆性气候、温带季风气候、亚热带季风气候四个气候带的省份，地貌特征最全、旅游资源丰富。生态扶贫俨然就是把未曾示人的天生丽质展现出来，附之精准扶贫、精准脱贫的伟大实践，使悠久的人文历史和优美的自然风光都发出光芒、释放能量、结出硕果。

酒泉市瓜州县的葫芦河即使在唐朝估计也比现在大不了多少，因为史料记载西行取经的玄奘法师当时也就砍了几棵梧桐树，搭在河上，就过了葫芦河。然而，把葫芦河和毗邻的布隆吉尔草原、疏勒河中游的双塔水库拉通开展大景区生态旅游，对有建档立卡贫困户112户、275人的布隆吉乡，就是睿智的选择。

十里不同景，无处不迷人。秋天，布隆吉尔草原就像东非的草原，游客来了，收入还会少吗？2018年9月，有关单位验收，10月宣布布隆吉全乡脱贫。

> 这是我千年的祈祷
> 不曾改变
> 这是我累世的祝福
> 过去今天
> 我们的大地
> 绿色的大地
> ……

与立足固有生态展开精准扶贫不同，农村环境整治也属于生态扶贫范畴。大型国有企业金川集团股份有限公司，进入金昌市永昌县毛卜喇村建设田园综合体就是一种新模式的实践。

金川峡水库

毛卜喇村是永昌县贫困程度较深的 15 个省级建档立卡贫困村之一，全村 726 户人家有贫困户 103 户。毛卜喇村的优势在于和金川峡水库、圣容寺、车辘沟石林景区分布在一条可以串联的旅游线路上，沿途景物集自然风光与历史文化为一体，拥有得天独厚的优势。当地由于资金短缺，开发受到制约。金川集团股份有限公司按照每年落实 2000 万元带动永昌县精准扶贫的计划，选中毛卜喇村，要在三年之内把它建成宜居、宜业、宜游的田园综合体。

田园综合体 2017 年被写进中共中央一号文件中，它是指由企业参与带有商业模式的顶层设计，通过多方共建，把城市元素与乡村特点结合起来开发，旨在重塑乡村的美丽田园和美丽小镇，也就是集现代农业、休闲旅游、田园社区为一体的新田园主义的乡村综合发展模式。在财政部确定的 18 个试点省份名单里，甘肃省位列其中。

太破旧的房子给农民补助后被推平还林，平凉市华亭县西华镇兴民村党支部书记关军说："再过十几年，这些房子自己就没有了。"

大自然的自愈能力是极强的。

在毛卜喇村，政府把可以利用的农民的房子请农民作为资本入股，许多农民还可以就地务工、就业。这些不是愿景，眼前就有示范。公路南侧已经被确定为省级美丽乡村建设示范的新农村就是样板。现在开工的田园综合体将会对毛卜喇村的乡村旅游业和生态扶贫起到大力的推动作用，它能和金川峡水库、圣容寺、车辘沟石林景区在一条旅游线上共同发光。没人不看好毛卜喇村的明天，它会成为甘肃省、地、企共建生态扶贫的典范。

生态扶贫的前提是生态好，生态除去自然天成，有的好生态是人为治理出来的。

修梯田是治理坡耕地水土流失的有效方法。梯田通风、透光，蓄水、保土、增产的效果十分显著。修梯田在甘肃省陇中、陇南、陇东成为20世纪中晚期的一时风潮。

平凉市庄浪县赵墩乡王家大庄村民魏国珍说："我们村上有5700多亩地，我就修了30年。"

魏国珍老人所在的王家大庄是庄浪县梯田化第一村。从1964年到1992年的28年间，魏国珍和庄上几代人硬生生地把水土流失严重的荒烂山沟变成了梯田生态景区，使粮食亩产由治理前的90公斤提高到360公斤，人均年收入现在达到5739元，彰显出生态对脱贫的帮扶力度。

"果园的收入比种粮食好，"对着满眼都是苹果树的山野，魏国珍说，"一亩果园十亩田，十亩田胜不过一亩果园。我们的这个村现在是家家有余粮，三年不收获完全不怕把人饿着了，甚至十年不收粮，余粮也够吃。"

庄浪县属于黄土高原丘陵沟壑区，生态脆弱，人口44.3万，在甘肃省算是个大县。全县几代人持续进行的艰苦卓绝的修梯田，活脱演绎了当代愚公移山的精神。

使用着简陋的工具，庄浪人把高标准水平梯田直修到全县耕地总面积的82%，成为水利部命名的第一个"全国梯田化模范县"。

在梯田上种植林果和苜蓿，比其他作物有更高的收入。于是，在庄浪有许多座大山被绿化，而在山上种草种树的贫困户又因此务工实现脱贫，实在是一个良性的链接。

现在，庄浪县因为梯田改变了生态，因为梯田发展了旅游经济，那麦田金黄、梯田层层叠叠的照片不知吸引了多少人来实地观看这个人造的奇迹。

如今，这个国家集中连片特殊困难地区的贫困县，深刻体会到了生态环境对精准扶贫的重要程度。

"咱们这里现在生态环境好了，"庄浪县云崖寺保安张万成激动地说，"这里二十多年前就没有鹰了，现在又有鹰了。山里还有土豹子和金钱豹，生态环境整个好了，这些动物都有了。"

其实，在生态保护的经济链条上，处在最基础位置的就是树。树要人种植，树要人看护，加之退耕还林扶贫工程的大力实施，植树人、生态护林员已成为生态扶贫项目林业工程的重要内容。

和庄浪县一样，2017年，甘肃省向35个深度贫困县分配护林员18306人，安排资金14644.8万元，以后还将在保持原规模和标准的基础上，继续向深度贫困县倾斜，推进生态建设与脱贫攻坚决策的同步落实。

兰州市是甘肃省的省会城市，下辖的榆中县是兰州市唯一的国家扶贫工作重点县。尽管榆中县境内有兴隆山国家级自然保护区，但北部6个乡是典型的干旱山区，全年无霜期只有120天。

贡井林场是榆中县国营公益性质的林场，也就是说林场没有收入，只负责完成造林项目再进行管护。林场200多人的造林专业队里，建档立卡贫困户占到30%，稳定的务工条件和收入加快了他们脱贫的脚步。

"我以前一直放羊，"榆中县贡井林场造林员韩志雄说，"现在有了植树造林和退耕还林的政策，我把羊便宜卖了以后，就加入到贡井林场种树，两口子每年下来就能拿到五万元左右。"

韩志雄由放羊到种树的转变是很有代表性的，在贡井林场，有许多造林员、管护员都是放下羊鞭走进植树造林队伍的。

要脱贫，就种树，一天收入150元。

崖头岭村的吕在其夫妇两人参加植树造林，连续三年收入都在6万元左右，2018年脱贫。

"贡井林场是真正帮我们扶贫了，"林场造林员吕在其夫妻开心地说，"我们在县城房子买了，车也买下了。"

植树造林对扶贫的作用如此明显，对改善生态的效果也极其显著。站在榆中县夏官营镇郝家营造林点放眼望去，是远到天边的人工林，横竖成行，风吹声响，极其震撼人心。

这样的生态林在榆中县是整山系、整流域推进绿化的。全县为此聘用的683名生态护林员全部是建档立卡贫困户。他们人均年工资8000元，再加上其他收入，他们的脱贫按照他们自己的说法是："没啥问题。"

和榆中县的护林员脱贫一样，全甘肃省的护林员脱贫也一样：没啥问题。

生态脱贫篇 | 143

定西市山多川少，十年九旱，生态环境的严酷与恶劣，是定西市列入秦巴—六盘山国家扶贫开发重点区的主要原因。直到1999年，定西市才实现了整体基本解决温饱的目标。因此，定西市的精准扶贫与生态环境有着直接的关系。

安定区巉口镇赵家铺村的金盆山退耕还林7072亩。站在山顶四望，一派郁郁葱葱，这使得当时不情愿退耕还林的贫困户现在也改变了认识。

"过去山上种粮食，一亩地产量就是50斤到100斤，一年辛苦下来，还不够人吃。"赵家铺村党支部书记说，"退耕还林以后，国家补贴加上被解放的劳动力外出打工，生活都变好了……这片生态林就吸纳了赵家铺村530人务工，帮扶了120户建档立卡贫困户在2017年之前实现了脱贫。"

事实上，生态扶贫总体上都和产业扶贫有关联，有的甚至还有密切的关系。

罗蟒村位于平凉市华亭县策底镇南部，辖157户人家。在实施采煤沉陷区生态治理中，村上搬迁89户，被恢复成耕地的宅基地上，现在集中种植了牡丹、芍药和核桃。前两种花卉，一万斤花瓣就能卖45万元左右。然而，花瓣得靠人工摘，不能用机器；牡丹籽能榨油食用，但也要人摘。就这样，一个项目便包含了生态、搬迁、产业、劳务、旅游等所有内容，而每一项都与精准扶贫有着密切的关系。

十月，武威市民勤县的秋末已带着初冬的寒意，青土湖的周边是别一种景致。对不畏沙漠寒冷的游客来说，它们是奇特的风景；对当地老百姓来说，它们是旅游资源；对精准扶贫工

作来说，它们是贫困户脱贫的依赖，但无论怎么说都不会弱化生态扶贫在甘肃省精准脱贫攻坚战中的显赫功绩。

顺号村温红霞的工作现在换到了室内，从她的认真可以看出她对这份工作的珍惜，因为她家就是靠它脱贫的。事实上，她的同事也都和她一样，甚至民勤县的42200人贫困人口到2017年下降至619人，其中的大部分也都和她一样，都是仰仗了生态扶贫，即人与环境之间和谐关系的形成。

健康扶贫
·
篇

JIANKANG FUPIN

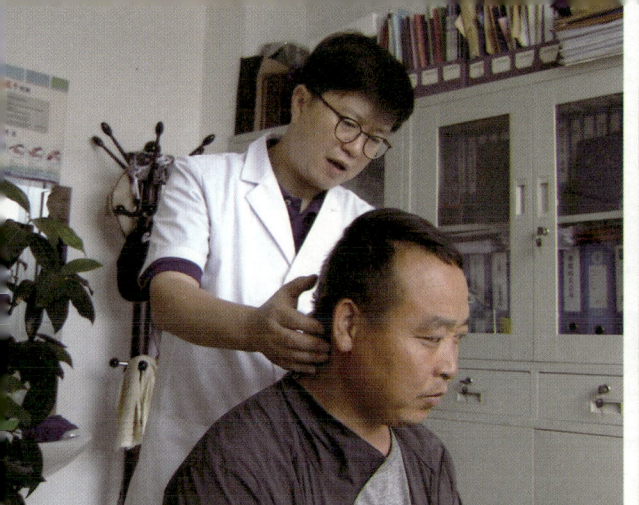
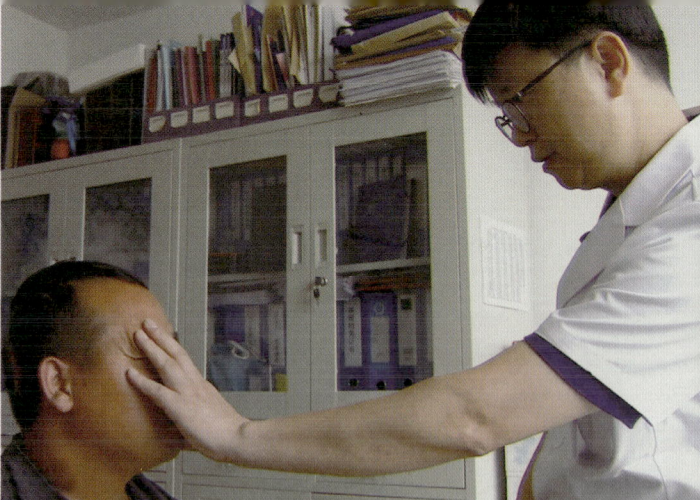

2019 年 8 月 19 日，在甘肃省肿瘤医院我们终于见到了马有刚。此前，我们去过他的家乡康乐县和他现在做生意的酒泉市，都没有见到他，这两地的距离是 830 公里。

此刻，甘肃省肿瘤医院院长助理、甘肃省医科院头颈肿瘤临床医学中心副主任王军，正在给马有刚做检查。他是马有刚的手术医生。

"刚来的时候病人（马有刚）特别自卑，"护士长王娟说，"手术前我们把整个头发给剃掉以后，可以看出这么大一个瘤子。"

"我是 37 岁动手术的，"马有刚一边接受王军医生检查一边说，"我今年就 38 岁了。"

"当时我已经看到它局部已经有些快要坏死，"王军说，"那个坏死可能会导致大出血，影响到他的生命。"

王军又说马有刚之所以能够做手术是因为赶上了五个合适：在合适的时间、有合适的健康扶贫政策、选择了合适的医院、合适的医生、做了合适的手术，最后马有刚才有这个结果。因为当时正好赶上健康扶贫，如果没有这个政策，也没有他们医院的专家团队下去，也不会见到他，也就不会给他做手术……

王军医生说的这五个"合适"是健康扶贫带给马有刚的。如果没有健康扶贫，这位没有信心的建档立卡贫困户不知道会发生什么，是健康扶贫挽救了他。他现在在酒泉市经营着 100 多只羊的生意。他不在，羊就给妻子看管。

马有刚的当下状态很好，王军医生很高兴。他建议马有刚

再做一个小手术，消除头皮缝合的痕迹，它就像衣服上的棱子，不好看。

马有刚离开时，甘肃省肿瘤医院头颈二病区的护士都感慨他的运气好。

的确，马有刚是幸运的。然而，他只是甘肃省 2013 年识别认定 552 万建档立卡贫困户人口中的一个。这 552 万人主要分布在甘肃省的 75 个贫困县、区。其中有 58 个县、区被列入国家集中连片特殊困难"三大片区"，其余 17 个是省级的插花型贫困县。2017 年，甘肃省甘南藏族自治州、临夏回族自治州和武威市的天祝藏族自治县又被整体纳入国家重点支持的"三区三州"范围。由此可见，甘肃省的脱贫攻坚任务有多么艰巨！紧紧盯住"两不愁、三保障"，甘肃省在健康扶贫、保证建档立卡贫困户享有基本医疗方面取得了阶段性的决定性成果。

2019 年 6 月 11 日，陇南市武都区桔柑镇卫生院院长李旭峰回访了一位本镇的建档立卡贫困户病人——曹家湾村的尿毒症患者王马军。李旭峰是王马军的家庭签约医生，这是甘肃省按照《甘肃省农村贫困人口大病专项救治工作实施方案》开展的活动，动员了 4.5 万名省、市、县、乡、村医疗专家和医务人员，为建档立卡贫困户人口精准制定"一人一策""一病一方"的健康帮扶方案，免费提供家庭医生签约服务。事实证明，它对贫困户是最急需、最有力的帮扶，真正帮到了节骨眼上。

桔柑镇卫生院是一所集医疗、预防和保健为一体的综合性乡镇卫生院，因交通便利，除服务本镇八个行政村之外，辐射周边乡镇人口超过5万人。尽管卫生院只有32名医护人员，对家庭签约医生服务他们仍然做得细致周到、鲜有遗漏。

王马军到区上医院做透析，不在家，李旭峰和村医就给他72岁患脑梗和高血压的父亲王进华做检查。王进华的妻子63岁，也患病，被出嫁的女儿用摩托车接到村卫生室治疗，没有回来。

王马军，37岁，单身，26岁患上尿毒症。每周透析3次，要花1800多元，除去健康扶贫报销，家里没有收入。即使这样，李旭峰还是把王马军送到兰州大学第二医院做了检查，等待肾源。

像王马军一样得到健康扶贫帮助的患者，在陇南市目前还有31.7万建档立卡贫困人口和69万脱贫不脱政策的群众。为此，陇南市开展了专项调查摸底，做到村不漏户、户不漏人。

现在，经过签约医生服务，甘肃省把健康扶贫的核心内容已经普及到每一个村庄山寨，无论多偏僻的地方也没有落下一户人家。

做过胃癌手术的李让过是平凉市庄浪县郑河乡下寨村四社的建档立卡贫困户，他的县级签约医生是全国基层名中医、庄浪县中医院副院长朱建新。今天，又是朱建新定期上门给李让过做检查的日子。

"手术后，我对李让过改成中药调理和饮食指导，"朱建新说，"他现在恢复得非常好。"

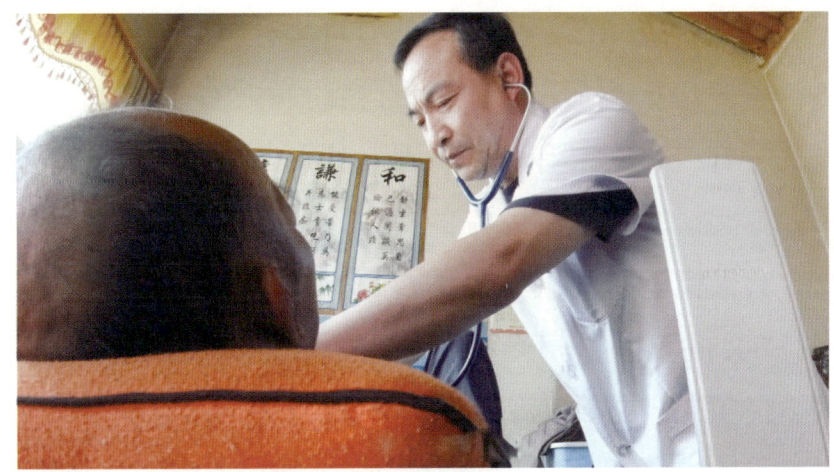

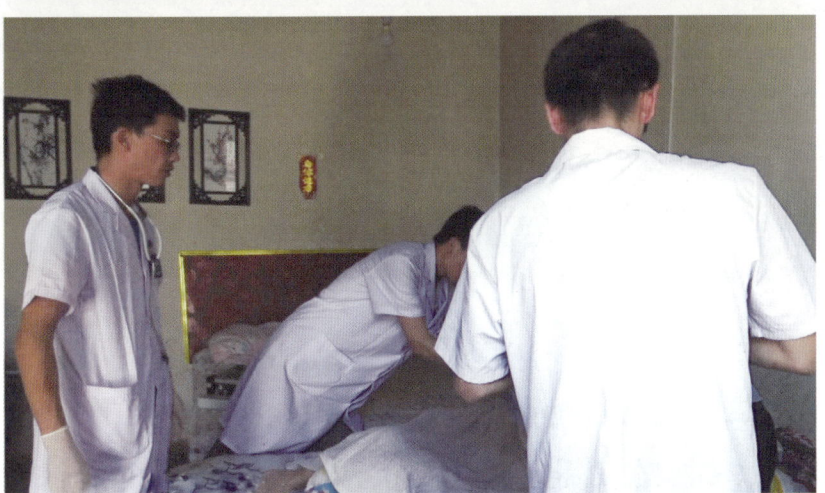

同李让过一样，庄浪县还有许多建档立卡贫困户与朱建新签约了家庭医生服务，"我的签约病人有180多人。"朱建新说，"有一户人家有两个病人，其中大病病人有87个。"

其实，庄浪县中医院的每个医生和朱建新一样都有签约病人，县人民医院的医生也是如此。

7月的下午，阳光炙烤着陇中大地，庄浪县人民医院内二科主任王来录来到了杨河乡马阳洼村的王永斌家。

王永斌，46岁，家有6口人。2017年，王永斌在外打工挣了3万元，实现脱贫。两年后，王永斌体检时发现冠状动脉供血不足，在县医院做了手术。

王来录说："他在我们县医院做手术这次花了9万元，如果在外地做手术大概就要20万元。"

再后来，王来录成了王永斌的签约医生，也成了王永斌没有因病返贫的一个重要保证。

事实上，不仅仅县级医生，甘肃省的乡镇医生都是贫困户的签约医生。

南湖镇地处庄浪县西北，也是宁夏回族自治区三县六个乡镇的中心。镇中心卫生院149名职工承担着近10万群众的医疗救治和镇上2.3万人的公共卫生服务。人口多，医生少，但签约医生的服务内容和质量与县级医生没有区别。

"我们医院现在专门安排8名全科医生，也就是每名全科医生包两个村，"南湖镇中心卫生院院长张向军说，"对一些家庭条件困难，行动不方便的人，开展送医生上门和送人就医服务，有些农民需要看病治疗但有困难来不了医院的，医院里

健康扶贫篇 | 159

面就安排救护车接送。能到我们医院救治的就在我们医院救治，如果我们医院不能救治的，我们就转送患者到县级医院或者市级医院进行救治。"

47岁的石小强，是南湖镇陈庄村四社的建档立卡贫困户。家中5口人，两个孩子在大学读书，一个在上初中。2017年，石小强因车祸成了植物人，褥疮严重。镇中心卫生院专门组建了3名医生的签约服务团队，定期为石小强换药，还给石小强捐款买了床。

"石小强的褥疮两三天换一次药，胃管一个月下来换一次，"给石小强换药的签约医生刘冯凯说，"从2018年开始，一直都是我护理的。"

换药结束，石小强的妻子李小玲要去外地给自己做病情复查。医生又带她到县城，再帮她转车去天水市秦安县乘坐高铁，服务真的周全。

在庄浪县共有543名市、县、乡、村医生和140003名建档立卡贫困人口签约了医疗服务协议。然而，这不是个例，甘肃省每个县都是如此。

甘南藏族自治州临潭县羊永镇卫生院组建的健康扶贫红旗团队，签订家庭医生服务协议7108份，送医上门、送人就医，截至2019年6月共服务1532人次。

签约医生除去定期送医上门、指导用药等服务，一旦病人病情恶化，一接到电话，他们就得紧急出诊，有时还要联系救护车接送。根据病情需要，他们还要协助病人乡转县、县转市、市转省进行治疗。由于各级医院都有他们固定联系的医生，一切都很方便。

截至2018年，甘肃省建档立卡贫困人口家庭医生签约实现了应签尽签。

较之家庭签约医生，"先看病、后付费"和"一站式"即时报销，更是切实减轻了贫困户的就医负担。据甘肃省卫健委通报，2018年全省建档立卡贫困人口合规医疗费用报销比例达到88.27%，13种大病救治率提高到了99.4%。个人自负合规医疗费用经过基本医保、大病保险报销和医疗救助后，年累计自负比例仅仅在10%至15%之间。这一切可归结为一句话，就是建档立卡贫困户看病、住院，再不用为钱发愁了。

甘南藏族自治州临潭县羊永镇的建档立卡贫困户陈新房，2008年患股骨头坏死。2018年5月，羊永镇卫生院送陈新房赴甘肃省人民医院治疗，手术费3万多元，报销后陈新房只付了1000多元。现在，她已经能够拄着手杖下地行走了。

本章开篇记录的建档立卡贫困户马有刚做手术花了34955.20元，自己也只出了3000元。

他们两人一个患病10年，一个患病37年，要不是健康扶贫，他们就不可能得到这么好的治疗。

"没有王主任的话，"马有刚感激地说，"我都不知道今天在什么地方过着呢。"

"你不要这么想，"甘肃省肿瘤医院院长助理王军赶紧安慰马有刚，"现在不是很好吗。"

和陈新房一个县的洮滨镇的李小兵，患有先天性脊柱侧弯畸形，不能正常行走，急需矫正。然而，镇卫生院和县医院都

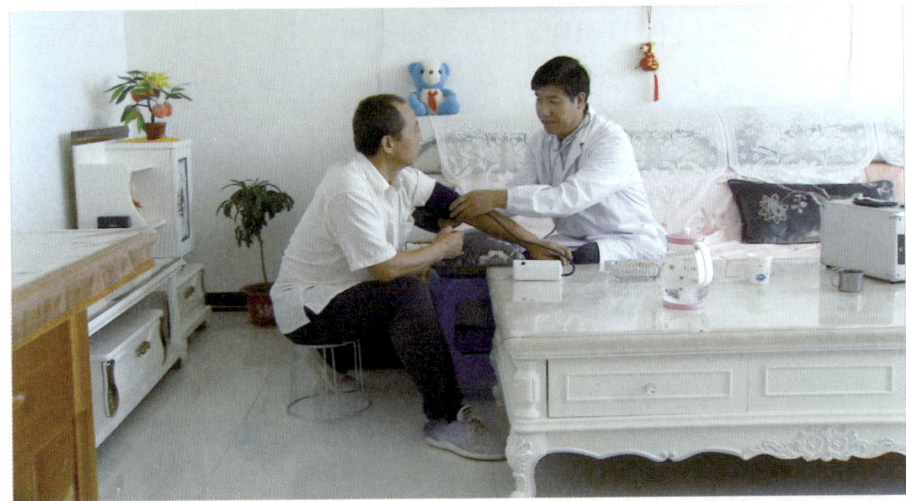

没有治疗能力，去外地家里又付不起医疗费，就一直拖着。在健康扶贫实施建档立卡贫困户"先看病、后付费"的政策后，镇卫生院院长傅鹏云帮助李小兵预约了甘肃省人民医院专家，协调开放医疗救援绿色通道。手术后的10万多元都是出院时一次报销，家里只交了少量的自付费用。

"这种大手术进去手术室十来个小时，大夫们辛苦了啊，"李小兵的奶奶李月梅激动地说，"党的政策像阳光把我们照耀得很好，医疗费大部分都报销了，我们负担轻得很。"

地处干旱山区的定西市临洮县峡口镇，全镇大部分是建档立卡贫困户，接受大病救治的共有37人。党家墩村是镇上的贫困村，41岁的周爱琴的丈夫张玉祥28年前在新疆打工时失去了右手三个指头，成了四级残废，周爱琴便成为家里的主要劳动力。2018年，在镇中心卫生院进行免费的"宫颈癌、乳腺癌"筛查时发现她长了恶性肿瘤，在甘肃省肿瘤医院治疗花费了19万元。大病治愈，她家不但没有陷入更深的贫困，同年还实现了脱贫。这个不可思议的结果，原因就是按照甘肃省健康扶贫政策，她合规报销超过18万元。

"这个人哦，去年光住院就住了十三次，"陇南市礼县石桥镇医院院长罗有德拿着镇上建档立卡贫困户医疗报表，指着上面的一个名字说，"自己掏了1万多元，总费用是13万元。要是按照2018年的政策，他要是精准扶贫户的话，最多自己掏三千元。因为他治疗疾病的时候还没有纳入大病医保，后来才把他列入精准扶贫户的，所以自己出得多一些。"

健康扶贫啊！用世间最美丽，甚至更美丽的语言赞美你都不过分。

两当县金洞乡袁家沟村四组村民左志勇,患慢性肾衰竭,住院3次,花费近10万元,报销后个人只出了2万元。

"现在主要是报销得多,"庄浪县杨河乡马阳洼村的王永斌在家里说,"我看病时,一打听外地医院价格,根本没办法看,更别说治疗了。我们农民嘛,没钱,打上十年工也不够看自己的冠状动脉供血不足这个病。我们还要支撑这个家哩。"

现在,建档立卡贫困户的大病报销,在甘肃省空前的健康扶贫实践中,例证多得就像夜空里的星星、树林中的叶子,实在是寻常之事。那么建档立卡贫困户患上小疾小病又是怎样报销的呢?

卓尼县归甘南藏族自治州管辖,地处青藏高原东部,藏族占总人口的62%。因病致贫、返贫,是卓尼县精准脱贫的一个大坎。然而,卓尼县人民医院在全县最早落实住院免押金以及医保报销、民政补贴、兜底保障一站式结算报销制度后,成为贫困户拔掉穷根的原因之一。

37岁的牛扎什草,是卓尼县喀尔钦乡拉扎村的建档立卡贫困户,家里6口人。她患上支气管炎、哮喘后住院治疗。女儿安尼目草是个小学6年级学生,赶上暑假,就替在家带孩子的父亲来医院照顾母亲。母亲的病好了,安尼目草就去办理出院手续。在一站式结算的绿色窗口,安尼目草一次性报销了母亲的住院费。

"我母亲住院一共花费2253元,"安尼目草说,"报销后我们自己只掏了207元。"

健康扶贫篇 | 165

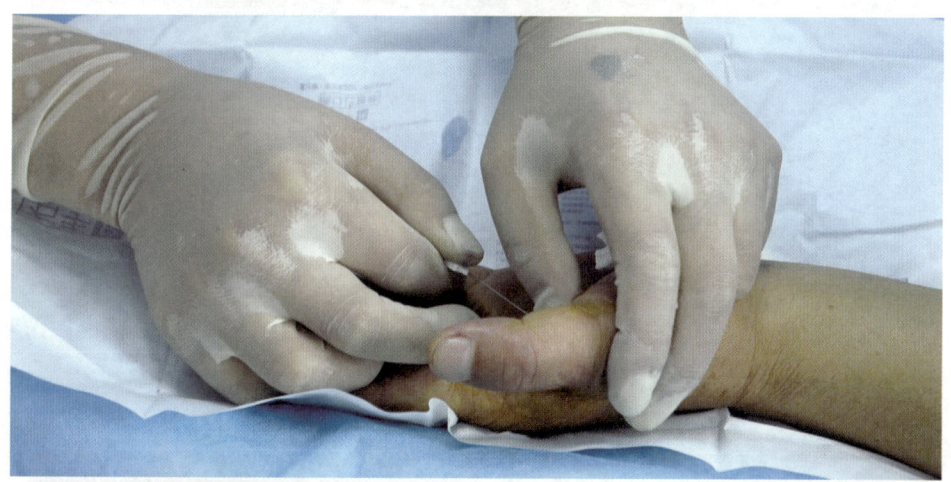

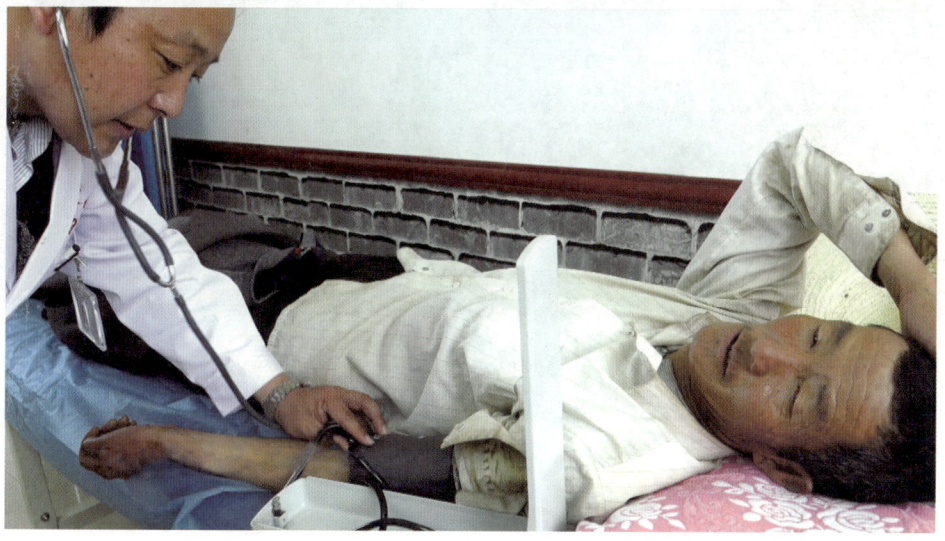

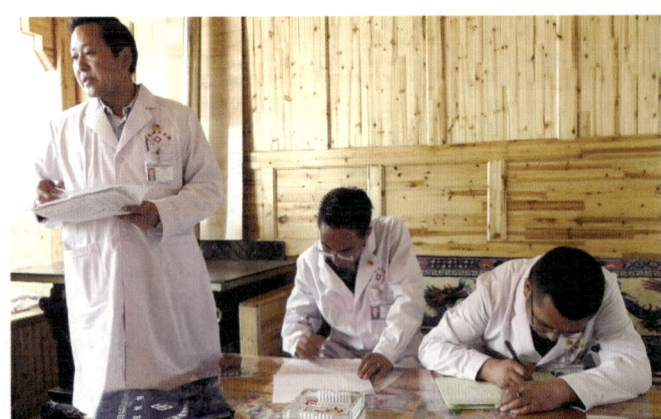
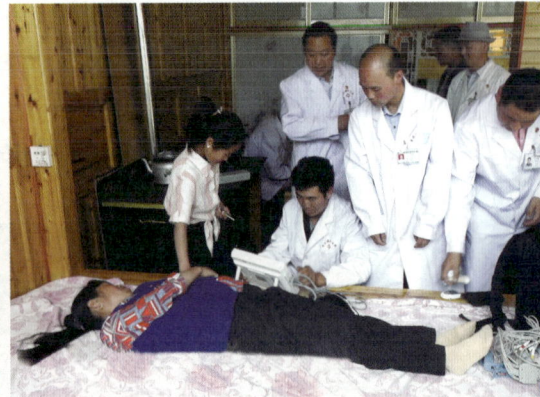

和牛扎什草同时出院的藏族男孩尤仁占旦主,三天前因为上呼吸道感染住院,总花费1190.54元。他人还在医院就能报销,自己只交了128.16元。

尤仁占旦主的父亲尤五十一说,他只花了十分钟就把这个住院手续办完了。

花很少的钱,又这么方便,这就是现在甘肃省的健康扶贫。

礼县位于陇南市西北,西汉水上游,这里有秦人四个陵园中最早的西垂陵园。大堡子山出土的青铜器震撼了世界,遗憾的是礼县是个国家级贫困县,到2019年还没有整体脱贫。

麦穗黄了的一个下午,礼县石桥镇鲁班村农民焦军子带着妻子刘旦梅到镇卫生院做定期检查。他家5口人,是建档立卡贫困户。2017年脱贫后,刘旦梅患脑肿瘤在省级医院做手术共花费18.9万元。

"感谢政府,"刘旦梅的丈夫焦军子抖着医疗报销凭证说,"都报销了,我自己只掏了三千块钱。"

如今,刘旦梅家还享受着国家脱贫不脱政策的福利,近两年的医药费也得到了政府多方面补助。

"要是政府不报销的话,"焦军子继续着急地说,"我日子就没法过,病根本就看不起。"

这种关怀使她本人也变得自信起来。在践行健康扶贫的同时,贫困户患者在医治过程中的感受往往就不自觉地延伸到了精神扶贫的层面。

现在,甘肃省一个乡镇级的卫生院就能诊断、治疗一些过去只能让患者转院就医的疾病,前提就在于医生医术的提高和各种医疗器械的普及。这两项是甘肃省基本实现贫困人员"有地方看病，看得起病，方便看病"目标的最基础保证，陇南市武都区桔柑镇卫生院就是典型。

桔柑镇医院院长李旭峰原来是白银市一家医院的医生，2018年，在陇南市乡镇围绕做活乡级、做实村级的健康扶贫活动中，应聘到桔柑镇医院当了院长。他引进医生、购置设备，这两项改变带来了病床由以前的9张增加到91张、住院病人每月增加500多人的变化，除去本镇和周围5个乡的就医者之外，还有省内其他县、市以及四川省九寨沟县、广元市的病人。

"原来我们全乡到县区去看病的每年大概有700多人，现在就100多人，"李旭峰说，"只有大病特别是需要做手术的才去区医院治疗。"

这同样不是个例，庄浪县南湖镇中心卫生院就有16层螺旋CT、动态心电及血压监测仪、呼吸机、全自动化学发光分析仪等医疗设备。

武都区、庄浪县，是甘肃省的两个深度贫困县、区。它们的镇一级医院就拥有这样先进的医疗设备，其余县、区自然会更好。这不正是健康扶贫带给建档立卡贫困户的福祉吗？

"我们医院开展的日常医疗工作，"庄浪县南湖镇中心卫生院院长张向军说，"基本上能达到县级医院服务的能力和水平。"

事实上，对建档立卡贫困户和非贫困户来说，还有比乡镇医院距离更近的医疗服务点，那就是村医。小病不出村就可以

健康扶贫篇 | 171

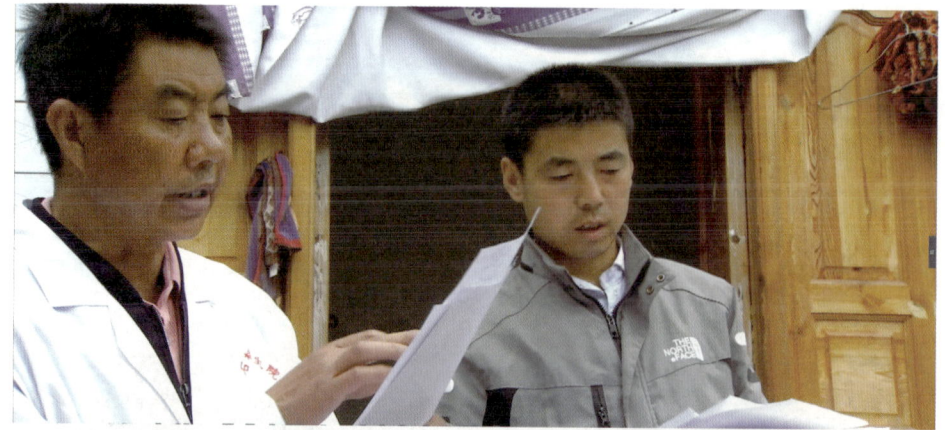
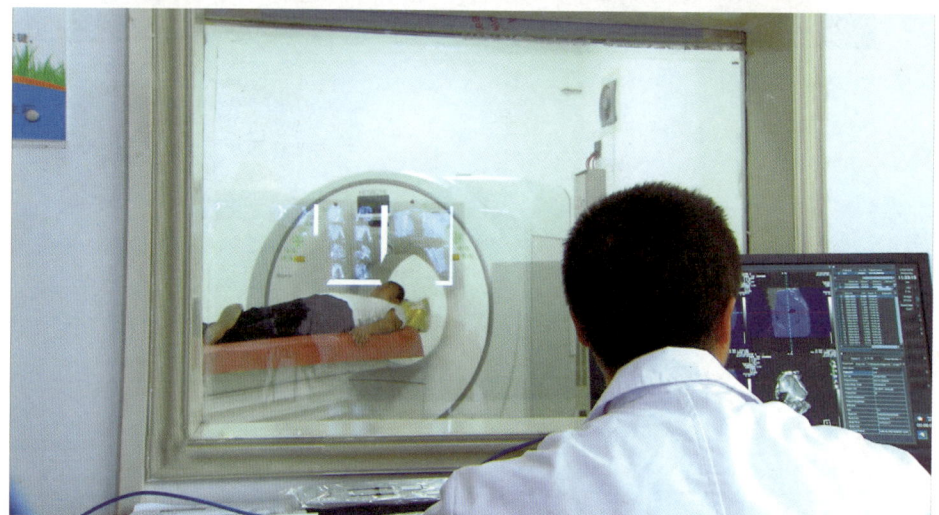

治疗，即使偏远的乡村也没有例外。

2019年夏天的一个下午，村民杨东义急慌慌跑来酒店村找村医杜永生，说邻居被驴踢倒了。杜永生立马跟着杨东义来到被踢的农民家中，查看伤势后认为是轻微擦伤，就进行了消炎处理。

这样看起来不值一提的小事，恰恰展示出健康扶贫大背景下乡村医疗的进步和完善。试想那个农民要是被驴踢得很重却没有医生上门处理，他会怎样？他要是不了解受伤程度雇车送到乡镇医院，他能不为付出的"冤枉"钱感到心疼？现在，酒店村村民生病，就会给村医打电话，一个电话医生上门，实在太方便了。

两当县站儿巷镇冯河村卫生室村医就这样守护着全村79户农民。

村医、乡镇医院医疗水平的提高，极大减轻了贫困户看病的负担，而县级医院医疗水平的提高不仅缓解了大城市医院病人太多的压力，更节约了治病费用支出。这对贫困户来说真没有比这更好的事情。

"截至2019年7月，我们统计的数字是我们县2019年转（院）病人不到7%，"庄浪县卫生健康局局长马广忠说，"也就是说93%的病人基本上在县医院就能够得到有效的治疗。这给咱们的患者减轻了负担，在一定程度上就是解决了因病致贫因病返贫这个问题。"

"外面（医院）做一个造影就得要9000多元，至少是8000多元，在县上做才花2000多元，"庄浪县杨河乡马阳洼村的王永斌深有体会地说,"就这么大的差别啊。"

庆阳市华池县医院院长安平祥也说:"咱们到外地医院做一个胆囊手术,需要1万元以上,在我们医院就4000多元,报销比例又高,病人就花几百块钱。"

花钱少,治病好,甘肃省大部分的县级医院的确做到了。

"这根血管——这里是断着(的),如果是这种病,这种狭窄程度达到90%以上,这个病人就需要放支架,"指着正在做手术的显示屏,庄浪县人民医院内二科主任王来录说,"放了支架,像这样把它(血管)撑起来以后,血流就畅通,畅通以后这个病人胸痛、胸闷这种症状就消失了。"

看着显示屏影像做手术,你能相信这是甘肃省一个县级医院在做血管手术吗?

"我们成功创建了西北五省第一家县级医院基层版的胸痛中心,"庄浪县人民医院院长周明宏说,"它有效地提升了对患心肌梗死、胸痛病人治疗的及时性和有效性……"

胸痛是一种常见而又危及生命的病症,如果误诊,死亡率超过90%。快速、准确诊断和鉴别致死性胸痛的病因,一直是急诊处理的难点和重点。

截至2019年7月,庄浪县人民医院基层胸痛中心医生王来录已经为214名病人做过冠状动脉造影,其中44人是建档立卡贫困户。他还为18名贫困户患者做了冠状动脉支架,因此,就有外省医院高价挖他。但他说:"人得讲良心嘛,我的出身很贫寒……"

这种拒绝就是高尚,这种高尚在甘肃省实施健康扶贫的攻

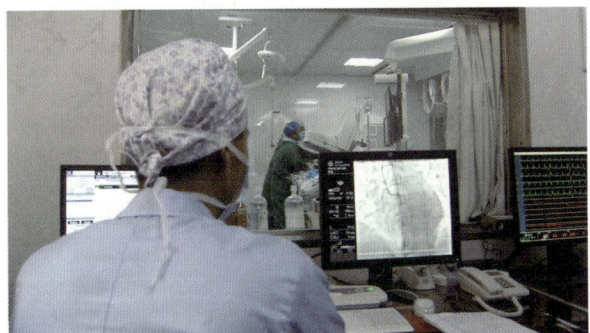

坚战中，体现出的是基层医生朴素的良心。

庄浪县属于六盘山集中连片特困地区，总人口45.08万，建档立卡贫困人口就有13.55万人。2018年，庄浪县人民医院门诊量达到9万多人次，但医院已经实现了把90%的患者留在县内医院治疗的目标，而这些患者中有许多就是建档立卡贫困户。治病不外出，就能省下很多钱，给他们节约钱，就是甘肃省健康扶贫的本意。

庄浪县人民医院用于血管造影和介入治疗的造影机是北京健和基金会捐赠的，甘肃省最东边的庆阳市华池县人民医院的一些医生则是从天津市、山东省来的。他们落实东西部医疗合作，有的医生要在华池县工作一年以上。

华池县是国家扶贫工作重点县，东北与陕西省的志丹县、吴起县、定边县接壤，2019年3月被列为第一批革命文物保护利用片区分县名单。

华池县人民医院职工李锦玲指着一束束美丽的花朵说："这个花是给李主任送的，这个花是给于主任送的。"

李主任和于主任是天津市来的专家，他们对口帮扶华池县。这些医生来自天津市南开医院、胸科医院、北辰医院和山东大学第二医院，他们在华池县人民医院开展看病、出诊、义诊、远程会诊、专家团队定点帮扶、人员培训、示范讲学，这一切活动大大提升了华池县医生的医疗技术水平。它比单纯治愈一个病人更具有持久、长远的意义。

"我们把华池县人民医院好多科室的流程，按照我们医院的标准进行了规范，"天津市北辰医院医学影像科的主治医师

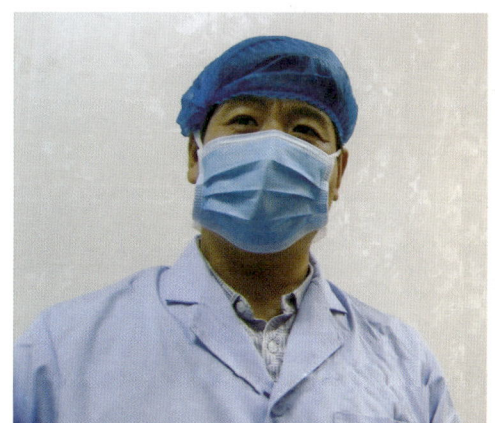
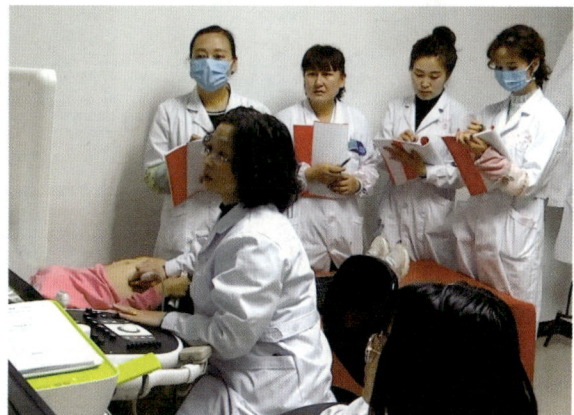

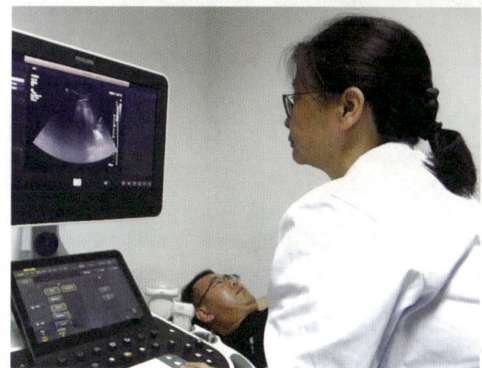

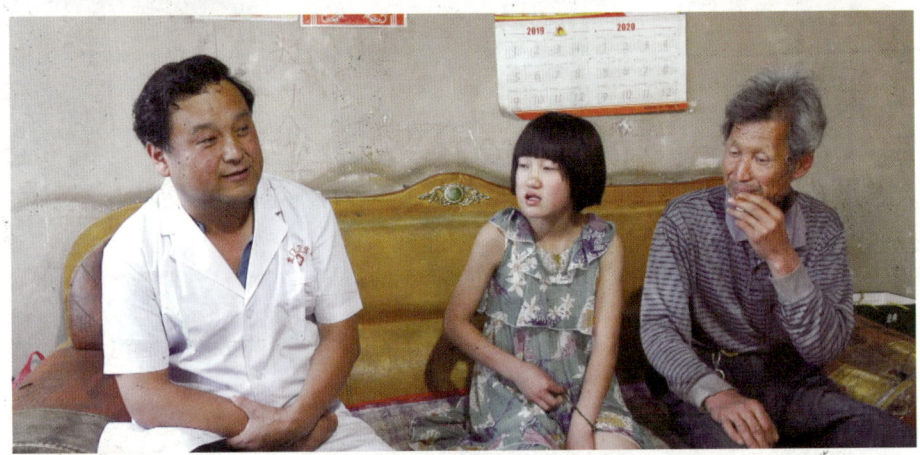

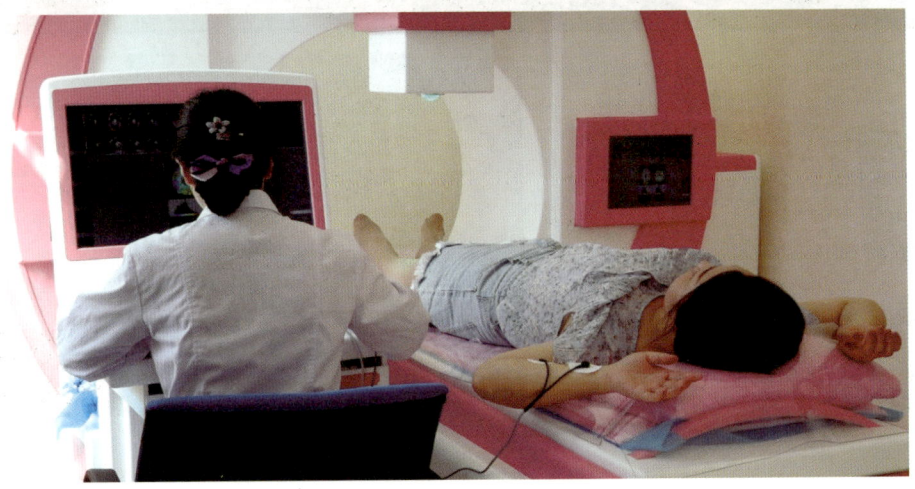

李红梅说，"比如说妇科、产科，我们来了以后，这个医院的病人量上来了，大夫的技术和专业素质也提高了。"

2018年10月，李红梅来华池县进行为期1年的对口帮扶。她帮助医院规范心脏超声检查流程，使用四维B超及阴超两项新技术，使当地患者检查再也不用去外地医院。

不外出就能给患者，特别是建档立卡贫困户患者省下很多钱。这就能帮助他们脱贫，保障他们不会因病返贫，这就是甘肃省的健康扶贫。

和李红梅来自天津市同一家医院的妇产科主任尹志芳在华池县也开展了无痛分娩、规范化诊疗等新项目。

这些对口帮扶专家进行的项目几乎涉及华池县医院的全部业务科室。

"这些专家他们带的是一个科（室），带的是一批人，带起来的是一个团队，"院长安平祥说，"今早上他们还搞了一个远程会诊。因为这些专家后面还有团队，后面有他们医院的专家教授。在华池这里他解决不了的，片子和其他数据发过去，病历资料发过去，他们医院就可以给出诊断治疗的意见了。"如此，不转院就能治好病，就给患者节省了三分之二左右的医疗费用。这对那些建档立卡贫困户来说，压根儿就是干旱时间下透土地的喜雨。健康扶贫终结了建档立卡贫困户因"病根"滋生的"穷根"。

看看甘肃省为健康扶贫制定的工作手册，那样详尽、那样周全，足见政府想民之想、疼民之疼的良苦用心。

玉门市东乡族乡是个整体移民乡，金泉村45号村民是全乡未脱贫的8户人家之一。这家4口人，女主人马海吉有的丈夫患尿毒症、肝硬化已经8年，女儿在玉门市读高一，儿子上四年级。马海吉有一个人把家里生活料理得井井有条，依靠的就是健康扶贫。玉门市纪委每个月资助她女儿上学700元，丈夫每月也有健康扶贫补助。如果没有这些真不敢想她家会艰难到怎样的程度。孩子还能上学，大人还能治病吗？

女孩叫吴莹莹，10岁，家里是建档立卡贫困户，住在临洮县龙门镇二十铺村吴家坪社。

2018年4月，签约医生上门体检时查出吴莹莹患有先天性动脉导管未闭症。

"入户后，我们发现他们家长正在枭玉米、卖牛，准备到福建省福州市去做手术，"吴莹莹家的签约医生祁承恩说，"预计最少要5万块钱。他们家里困难没有钱，就是做完手术我们也不能报销，他们家一定更加贫困。"

在村、乡、县三级医生的帮助下，吴莹莹最终在当地的定西市医院做了手术。报销之后，家里仅仅支付了3000元左右的自付费用，要是去原来计划的福建省福州市治疗就得准备5万元。

耕牛没有卖，粮食没有卖，吴莹莹恢复得也很好，她可以像正常孩子一样跳舞了。

吴莹莹的舞蹈在继续，甘肃省健康扶贫的无数感人故事在继续。

甘肃省肿瘤医院院长助理、甘肃省医科院头颈肿瘤临床医学中心副主任王军给马有刚做完检查，就要上手术室去做

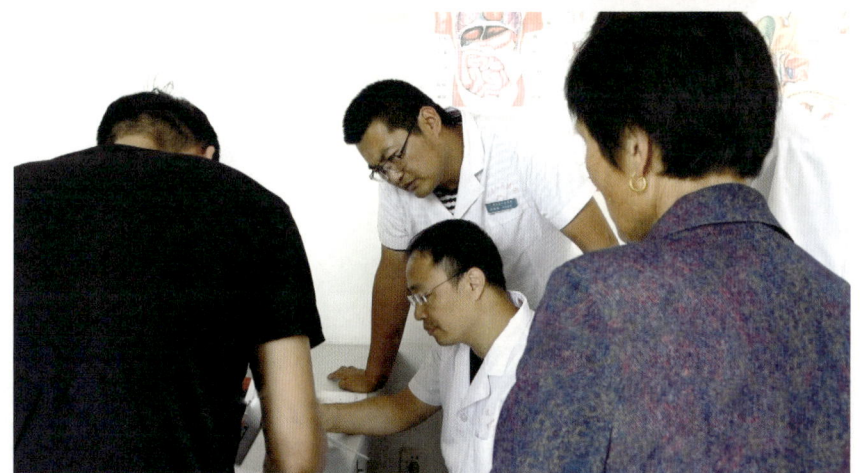
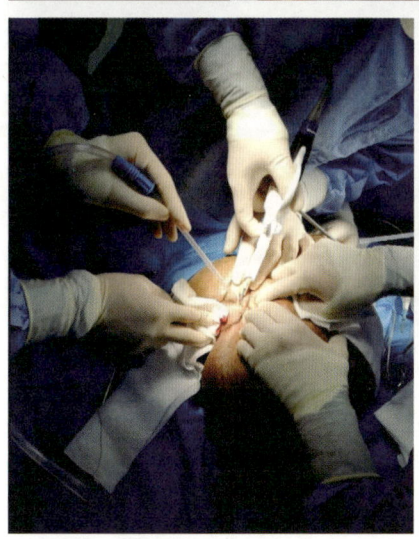
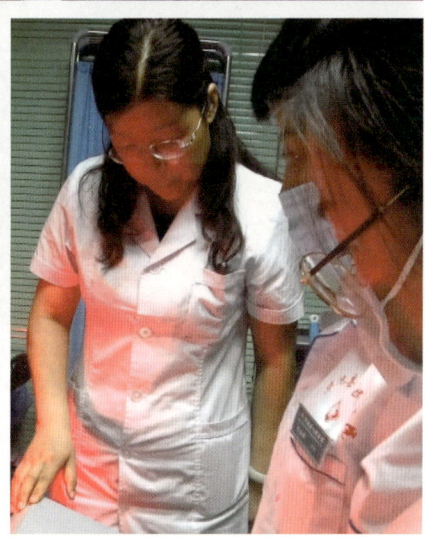

手术。

就要离开兰州的马有刚,记住了王军医生对他的耐心解释:"你相信我,你和你妻子身体都没有问题,放心生个娃娃。"

是啊,有个娃娃,马有刚的家一切就趋于美满了。

吹拂陇原大地、惠及无数建档立卡贫困户的甘肃省健康扶贫谁能忘却!

教育扶贫 · 篇

JIAOYU FUPIN

梁家寺东乡族乡位于甘肃省临夏回族自治州和政县的东北部，是和政县唯一的东乡族民族乡。全乡12468人，2014年一半以上是贫困人口。贫困便成为该乡部分农民不让孩子完成九年制义务教育的主要原因。然而，孩子必须依法接受教育，家庭有困难，但还有政府。政府现在最重要的职责之一就是让贫困者脱贫，因此，对阻断贫困代际传递的教育扶贫高度重视。

2019年5月12日上午8点，我们在和政县梁家寺东乡族乡乡政府了解到，有4名学生被当地虫草商人从学校带到甘南藏族自治州玛曲县西科禾乡挖虫草。

"无论如何也要把他们劝返回来。"乡人大主席李登强说。

劝返，就是把离校的学生劝回学校继续上学。这是政府针对九年级以下学生辍学的寻常做法。

"我们要进山去劝返学生，但我们没有执法证，人家就不让你进山。"李登强说，"所以我们就把派出所民警叫上，派出所的民警开好便函，这样去了以后，他们就不能不让我们进山了。"

虫草是药用真菌冬虫夏草的简称，因其有滋补功效，成为有利可图的商品。

从和政县梁家寺乡到劝返学生的玛曲县西科禾乡有700多公里，劝返工作组汽车行走了10个小时后，找到了一个和政籍的虫草商。他愿意配合，还给工作组换了一辆能够上山的皮卡车，把他们带到了挖虫草的营地。

"我们走到那个地方，雪下得比较大，"李登强回忆道，

"营地的虫草商们却拒绝说出学生具体在哪里,更不想让工作组把学生带走,因为学生眼力好,比大人更容易发现虫草。"

于是,工作组徒步查找了3座草山上的30多顶帐篷,终于在深夜零点左右才找到了马龙等4名辍学挖虫草挣钱的学生。

"我们找到一个学龄儿童时,虫草商却不让把学生带走,"李登强继续回忆着当时的情景,"我说那就把你也抓了。我说你雇用童工,我一吼这个老板就同意了。"

现在,李登强当年劝返回来的八年级学生马龙和其他3个学生都在原来的初级中学读书。李登强他们如此不辞辛苦、不怕麻烦的回报是:本乡共劝返辍学儿童49名。至2019年,全乡义务教育阶段3253名适龄生全部入学。

马龙的母亲叫马海吉者,她不识字,她很希望儿子用功上学,将来改变家庭的贫困状态,这是现在许多东乡族人的愿望。

政府"控辍保学"有以下几个目的:一是控制学生不能离开学校、中断学业;二是确保适龄儿童和少年接受九年制义务教育;三是能够阻断贫困的代际传递。因此,甘肃省把教育扶贫作为精准脱贫伟大工程的核心内容,要求每一所学校都要做得彻底。

甘南藏族自治州卓尼县阿子滩九年制学校就是控辍保学的先进典型。

这是一所始建于1933年的学校,这所学校共有14个教学班,424名学生中有300多名来自藏族贫困户家庭。由于当地

教育扶贫篇 | 191

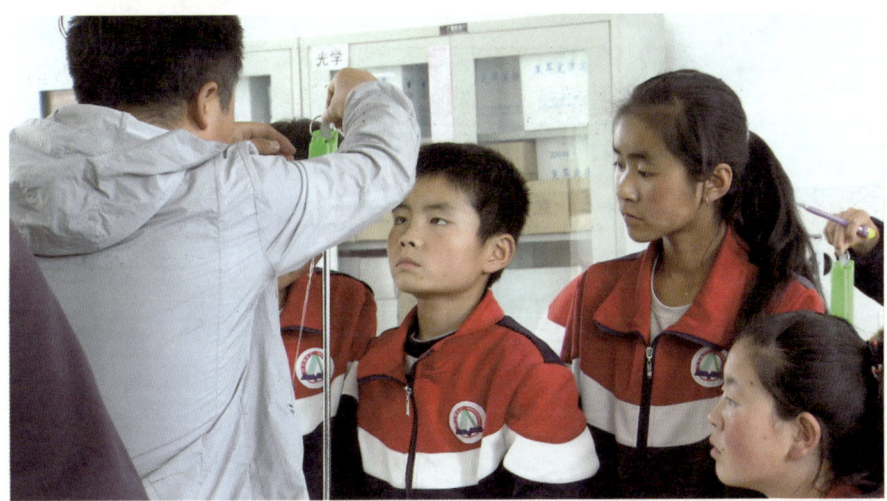

有孩子到了能够干活的年龄就要帮父母分担劳务的习俗,所以控辍保学的任务相对繁重。

七年级一班的藏族学生包鹏,父母离异后就准备外出打工。学校知道后,就像出了大事情一样,立即赶到包鹏所在的村委会找到包鹏的母亲,反复讲解政策、法律和读书对孩子未来的种种好处,最终把包鹏领回了学校。

"我重返学校的时候,"包鹏说,"我妈妈也很高兴。"

"离校最远的学生距离大概是五公里,"阿子滩学校校长吴富说,"主要是山路,而且小孩子走起来比较慢,就要走一个半小时。"

阿子滩学校是 2008 年达标的乡村寄宿制学校。寄宿制学校是指学生一日三餐都在学校食堂吃饭,有多人一间的宿舍。这对居住分散的藏族学生来说,解决了他们每天上学要走远路和无处吃饭的困难。在这里,贫困家庭学生在享受国家农村义务教育阶段免杂费、免书本费的同时,每个学生每学期还能够得到国家补助的 1084 元生活费。因此,包鹏的母亲就没有包鹏上学的经济负担,这也是阿子滩学校现在没有一个学生辍学的原因之一。

和阿子滩学校相距 26 公里的卓尼县完冒九年制学校,全校学生在课间跳起了锅庄舞。

完冒学校也是寄宿制学校,它和阿子滩学校的区别在于完冒学校是所双语学校,300 多名学生全部是藏族。由于一些学生家庭贫困,家长就不愿孩子上学,有的孩子上学后也被拽回家中干活。因此,控制辍学、劝返辍学学生,一直是完冒学校的一项重要工作。

校园西侧的房子住着63名劝返回来的学生。学校指定老师时刻关注这些学生的情绪、思想和家庭动态，无论怎样都要保证不能让一个学生辍学。

黄昏下起了细雨，学生们依旧列队进入食堂。今天的主食是烩面，打饭的阿姨都很和蔼，学生吃多少全由学生。

"我们学生的饭是不限量的，"副校长曹建国说，"这些孩子都是第二次打饭。"

劝返辍学学生的最大阻力是一些家长以自己不识字、不懂法为借口，搪塞推卸责任。

"小岭乡是从川塬上去第三个山区的少数民族杂居的乡镇，"临夏回族自治州永靖县人民法院院长妙应征说，"这个乡上有六个辍学的孩子。"

永靖县人民法院对此开展乡镇联合，先是对学生家长苦口婆心地规劝，再是讲解《教育法》和《未成年人保护法》。当这些都不起作用时，就请当地乡镇向法院提起诉讼，状告家长。在一次公开审理结束后，法官姬良芬还不忘在喇叭中告诫："各位被告不要让自己的孩子再次辍学，否则就要承担相应的法律责任。"

小岭乡小岭村泉沟社的村民张艾洒，带着上初中的儿子在青海省格尔木市开干洗店，一个月能挣一万元。无论乡政府人员怎么劝说，张艾洒就是不让当帮手的儿子返回家乡接受九年制义务教育。为此，永靖县人民法院打电话告知张艾洒，他是儿子监护人，小岭乡政府把他起诉到了法院。法院

教育扶贫篇 | 195

是审判机关，张艾洒明白了后果，赶紧把孩子送回老家让他继续上学。

2018年年底，永靖县人民法院劝返了被父亲马军德带去西藏自治区拉萨市打工辍学的马燕。

"我们送达开庭传票，所有的应诉通知书、法律文书的第三天，"姬良芬在回访马燕家时说，"他们就让他们的儿媳妇把孙女从拉萨市送回家里上学了。"

马燕现在在永靖县中学读书，不在家。她弟弟马青国文静腼腆，是村小学的三好学生。

永靖县有闻名遐迩的刘家峡水库和黄河小三峡风景区，同时也是国家级贫困县，控辍保学的任务相对就重。

"这个学生叫潘成崇，现年17岁，"永靖县人民法院法官陈万俊在法庭办公室介绍说，"他2018年初二，上到一半之后就辍学去菲律宾打工。2019年我们开展控辍保学工作，和乡政府积极沟通以后，我们做他父母亲的工作。母亲工作做通后，就从菲律宾把孩子叫回来了，把没完成的初中学业学完，2019年完成了九年义务教育。"

"我来自响马平板村，"胖墩墩的潘成崇无奈地说，"感觉外面的世界特别美好，辍学去菲律宾打工，结果现实给了我一个大耳刮子。"

精瘦干练的沈三贝福也是辍学之后被陈万俊法官于2019年6月劝返回学校的。现在，他读完初三又上技校，拿到了挖掘机操作证。开挖掘机收入高，这对因贫困造成他辍学的家庭来说是一个好的预兆。

"沈三贝福这孩子2019年就返回学校上初中，"坐在沈三贝福家沙发上的陈万俊法官说，"他利用寒暑假的时间学电焊、学操作挖掘机，电焊从业证书还没拿上，他还想继续学习修车。"

现在的环境对一个有技术的青年来说，是有机会的，沈三贝福家在未来告别贫困，也就是必然的。

宏观上讲，甘肃省委、省政府将控辍保学作为教育脱贫的底线，是高度重视的。在政府重点关注的甘南藏族自治州、临夏回族自治州和天祝藏族自治县，也就是甘肃省扶贫实践中简称的"两州一县"，它们都是国家深度贫困的少数民族聚居地区。在它们所辖的17个县、市，教育扶贫实施省、市、县、乡、村五级联动，进行明察暗访与督促检查，运用宣传引导、帮扶救助、行政乃至法律等措施，取得了"辍学能复学、在校不失学、上学能学好"的巨大突破。

教育扶贫的实质就是扶智。智，就是聪明、有见识，能够客观、理性、准确地判断事情。智可以改变愚昧、无知、落后，因此，以有文化为主导方向的教育扶贫就是消化现有贫困存量、阻断代际贫困增量和传递的最有效、最直接途径，是拔掉穷根的根本保证。它粉碎了贫困家庭学生的贫困桎梏，其功其德，前无范例。

2019年7月的傍晚，江苏省南通市来甘肃投资创业的张建新在康乐县的三文鱼养殖基地照例巡看鱼塘。养殖市场价高的三文鱼不仅给当地传统养殖牛羊的农、牧民做出了示范，也给附近的村民创造了务工脱贫的机会。

杜志杰是个刚刚走出校门的大学毕业生，现在还是实习身份，月工资就有4000元。

杜志杰之所以来张建新的三文鱼养殖基地就业，是他要回报张建新过去对他的帮助。

"2009年9月18日，"杜志杰在鱼塘边说，"我被张总资助到南通市虹桥二中去读书，2012年又回来在这边读高中。"

张建新对杜志杰的帮助是通过江苏省"南通—康乐教育基金会"具体进行的。1995年，这个救助康乐县辍学学生的民间团体不仅每年招收6名品学兼优的康乐小学毕业生免费到南通市中学读书，还救助了与之有百年教育善缘的康乐县八松乡21名贫困学生。

八松乡的陇上名人牛载坤在20世纪初到江苏省南通市拜访教育家、实业家张謇，使得八松乡与南通市有了近百年的教育联系，张建新当过兵，为八松小学门前的张謇半身像捐过款，他积极参与"南通—康乐教育基金会"活动，表现出教育扶贫的意愿。

陇南市东北部的两当县在秦岭边缘，山大林密，通行艰难，教育资源的缺乏是当地贫困代际相传的主要原因：山里人没文化，出不去，种几亩山地咋能不穷？

董春燕是两当一中高一（二）班的学生，父亲赵利军因工伤致残，母亲董谢玲患有糖尿病和高血压，弟弟在读小学六年级。赵利军夫妇常年在县城打零工，收入不高，董春燕姐弟的学费就是这个家庭的主要负担。董春燕的母亲一天务工10个小时，也只挣100元钱。

教育扶贫篇 | 201

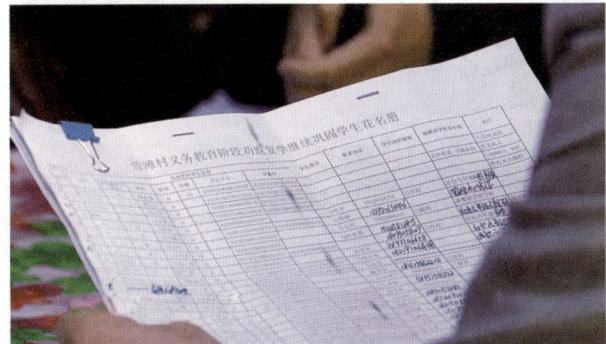

2016年秋季开学，董春燕交了1300元学费。不久，学校给董春燕补贴了1000元。这样，她实际缴纳的学杂费只有300元。

1000元对赵利军夫妇来说不是个小数目，这补贴是谁给的呢？

补贴是两当县教育基金会给的，这个基金会是2016年春季正式启动的。它资助全县农村义务教育阶段家庭经济困难的学生，3年共发放251万元，受惠学生已经有7000多名，董春燕只是其中一个。

除了帮扶县内的在校生，两当县教育基金会还给建档立卡贫困户家庭的149名大学生资助了77.9万元，并奖励全县优秀教师、校长41.95万元，同时兼顾教与学两个方面。现在，两当县在甘肃省率先实现了免费上高中，就有基金会的功劳。

甘肃省精准脱贫的重点在农村，教育扶贫的核心就是向农村输送教育资源、创新教育路径、提升育人质量、消除贫困代际传递。要实现这个伟大目标，就需要从一所所学校、一个个孩子抓起。

2019年6月21日下午，天水市秦安县陇城镇教育园区的5名"走教"老师，要去上魏教学点上课。走教相对走读，是指教师远距离去给学生上课，而不是学生远距离赶来听教师上课。

"教音、体、美的老师，我们全学区不到10个，"教育园区负责人王旭升说，"我们就把他们组织起来安排星期二、星期四下午全部走教，最远的赵山村教学点距这里有12公里。"

陇城镇有 12 个教学点、7 所小学，平均每校只有 7 名教师，小学生却有 1901 名。教师缺少，学校之间距离又远，有的小学音乐、体育、美术课由一个教师兼代。没有专业教师，以至于上音乐课时只能播放下载的录音给学生听，导致生源流失。

要知道，转去外地上学的成本是很高的，对于一个建档立卡贫困户家庭来说是雪上加霜。秦安县教育局副局长袁岳平说："家长和孩子生活上的花销支出，一个人至少一万块钱，家长和孩子就得两万。"

现在，"走教"老师扭转了这种窘境。在这里，一名专业教师要在两所以上的学校上同一门课，而不是由一个教师在一所学校兼代几门课。

上魏教学点硬件齐备，有 41 名学生。然而，就连国歌也是音乐教师王峰峰走教之后，才给学生教会的。

陇城教育园区是首创的甘肃省"秦安样本"：即筹资建设教育园区、安置全学区教师居住，全镇各学校和教学点执行园区统一课程安排、教学计划和作息时间。各小学和教学点之间建立教师互动联合，实施教师巡回走教。同一学科教师可以为多所学校走教上课，从而实现了教师没有增加却解决了学校课程开不齐、开不足的难题。

当一切改变得到全镇的认可和肯定，学生转学、辍学的现象自然就扭转了过来。

走教好处多，"走教"的另外一种形式在河西走廊东端的景泰县是这样呈现的。这里教师的走教对象是残疾少年，其情

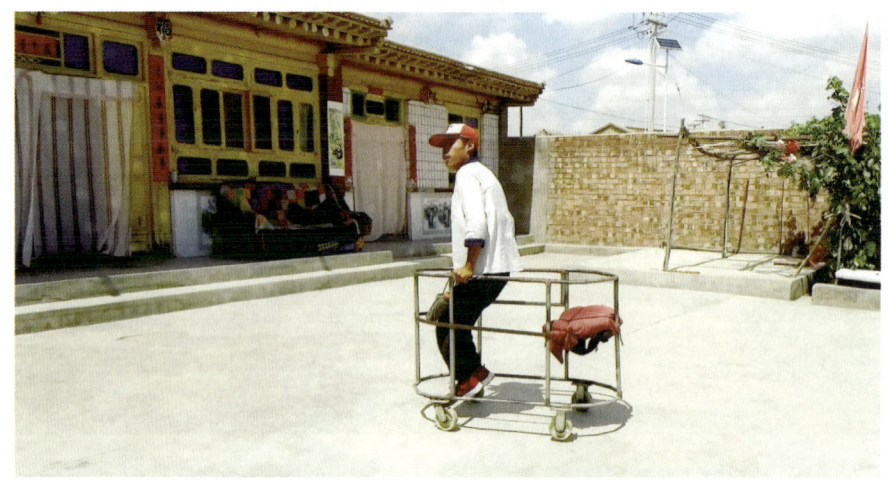

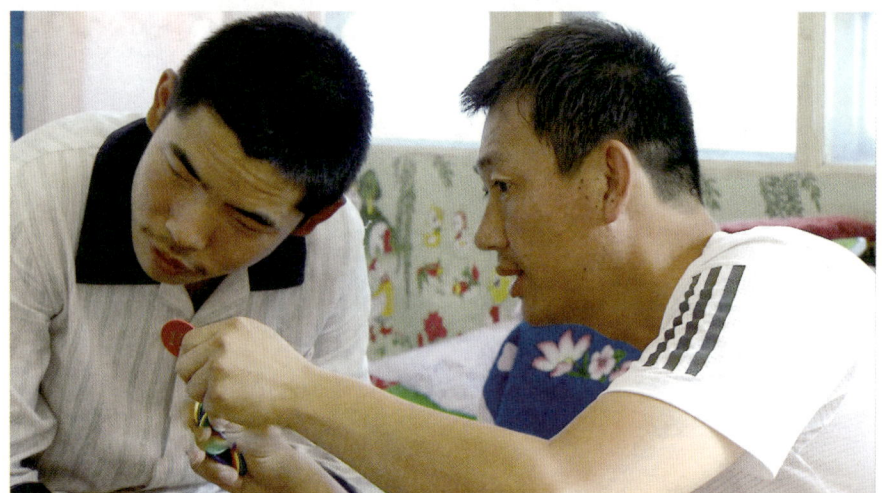

其景打动人心。

一个炎热的假日，白银市景泰县五佛初级中学副校长乔钟莉约好三位教师走教他们帮助的孩子。他们采取"二对一"的方式，由两名老师定时、定点帮扶一名因病不能到学校读书的儿童或少年，常年上门施教。

五佛乡西园村的张盛钧，今年14岁，童年时因患脑瘫造成视力低下、下肢瘫痪，无法到学校学习，对他的走教由乔钟莉和张九辉老师担任。其教育效果用张盛钧母亲田玉春的话说就是：极大地提升了孩子对数字的认识能力。

上课完毕，和过去一样，张盛钧都要依靠助走车送别老师到大门之外，其依依惜别之情令人动容。狭义地说，这是张盛钧对老师的由衷感激；广义地说，这就是教育扶贫不落下一个孩子的实证。

比张盛钧大一岁的张敬淇，是太和村七组人，也是脑瘫患者，不能下地行走。她的走教老师是韦应春和杨兆霞，她的课每一次都是这么上，通常要教一个半小时左右。

"万重山，万重山，万重山，"韦应春老师用赏识教育鼓励背诗的张敬淇，"唉，真聪明。好，李白的诗，你背会了有几首？"

张敬淇现在能够背诵六七首中国古诗。这样的场景对她和她的亲人都是一种莫大的安慰，它把教育扶贫的温暖留在了她们心底。

2017年8月，当教育部、国务院扶贫办批复同意甘肃省建设全国唯一的教育精准扶贫国家级示范区后，甘肃省便把教育扶贫作为阻断贫困代际传递的治本策略。在"发展教育、脱贫一批"的大纲领指引下,"幼有所育""技能脱贫",实施乡村教师"配优提质""聚焦优先",缩小民族地区教育发展差距、扩大贫困学生入学机会、定点帮扶、协作助力等一系列计划得以落实,取得了阶段性的成效,仅职业教育每年免费接收近6万名贫困家庭学生,3万名学生在省内高职院校接受免费教育,8000名贫困中职毕业生接受了高等教育。

西北师范大学是甘肃省人民政府和教育部共建的大学,省内学生占绝大多数,其中就有建档立卡贫困户家庭的孩子,文学院三年级的贾雪佩就是一个。

贾雪佩家在白银市会宁县汉家岔镇阴山村,家中姊妹三人,2017年她和弟弟同时考上大学。由于2018年去世的母亲生前大病7年,家里十分贫困。

"我一边打工,一边供孩子(上学),一边给妻子看病,"贾雪佩的父亲贾万功说,"我们曾经搞过水滴筹。"贾万功本是镇中心小学的教师,为此不得不离开讲台。贫穷,有时候真的会很残忍。

贫困使考上大学还没进大学校门的姐弟俩一同去北京打工。

两人学费一年需要15000元,短时间打工挣不够。

幸好甘肃省的贫困生助学贷款帮助了他们。

"我爸爸2018年前一个月就200元的工资,"贾雪佩说,"要是没有贫困生助学贷款,我们可能就上不了学。"

现在,贾雪佩的弟弟在大学参了军,贾雪佩在学校积极参

教育扶贫篇 | 209

加各种公益性活动，是一名品学兼优的学生。

像贾雪佩一样，仅2019年，甘肃省共计为517334名大学生提供各类资助资金274592.5万元。

事实上，没有考上高中、大专院校的学生天地也很广阔。甘肃省各县、区几乎都有免费的职业教育学校，在那里学会一种自己喜欢的技术，就能实现教育脱贫。

2019年开挖掘机每月能挣5000元，电焊工能挣3000元以上，因此，上职业技校成为这些学生和年轻农民的首选。

和政县职业技术学校和福建省厦门集美集团联合举办了东西协作水管员培训班。厦门市是东西协作对口帮扶临夏回族自治州的城市。现场报名人数超员、报名人员超龄，这场景、面孔足显教育扶贫于他们是多么重要！

楼上是中老年学员，楼下大院里年轻学员正在培训场地学习操作挖掘机、装载机和汽车修理。这些都是收入比较高的行业，格外受年轻人青睐。

和政县职业技术学校落实教育扶贫，免除了建档立卡贫困户和"两后生"学员每人3600元的学费。"两后生"是指没有考上大、中专院校的高中毕业生和没有考上高中的初中毕业生。3600元，在甘肃省相当于一个人一个月不算低的打工收入，在他们没有就业之前，对于贫困家庭是一笔不小的开支。

戚尚文是和政县新庄乡下大路五社的建档立卡贫困户。

"家里困难，"戚尚文在建筑工地上说，"家里父亲现在70岁了，一个月住两次院，三个小孩上学。"他在和政县职业技术学校学习钢筋工，毕业后收入不高。于是，他又返校学会电焊技术，现在已经是可以承包电焊和钢筋两个工种的包工头。他自己不但脱了贫，跟着他干活的 40 多个农民工月收入都在 3000 元以上，其中的建档立卡贫困户也都脱了贫。

像戚尚文这样通过免费的职业学校掌握两门以上技术的人，现在越来越多。农民工朱德会以前是水泥工，之后在和政县职业技术学校学会了电焊，如今务工收入提高到了每月 4000 元。

农民在本地打工，有的完全得益于乡村幼儿园。幼儿园替他们照看了孩子，他们才能够脱开身出去挣钱，而乡村幼儿园建设本身就是甘肃省教育扶贫的内容。

庆阳市宁县和盛镇杨庄村是一个易地扶贫搬迁安置点，村上的幼儿园里现有孩子 62 名，其中 11 个是建档立卡户的孩子。这个幼儿园除去午饭，保育保教等费用全免。5 名专任教师，4 名是本科学历，1 名是大专学历。孩子们在幼儿园一天要度过 6 个小时的快乐时光。在这 6 个小时里，他们年轻的父母就会挣到过百元的收入，年纪大的爷爷、奶奶也能做些家里地头的农活。这就证明了乡村幼儿园对建档立卡贫困户精准脱贫起到的作用。

由于幼儿园对扶贫的作用，甘肃省对公办幼儿园和普惠性民办幼儿园中具有甘肃户籍在园幼儿按每生每年 1000 元的标准减免保教费，对 58 个集中连片贫困县中建档立卡户贫困家庭的在园幼儿，每生每年再减免 1000 元，至 2019 年全省共减免保教费达到 100792.7 万元，惠及了 937570 名幼儿。

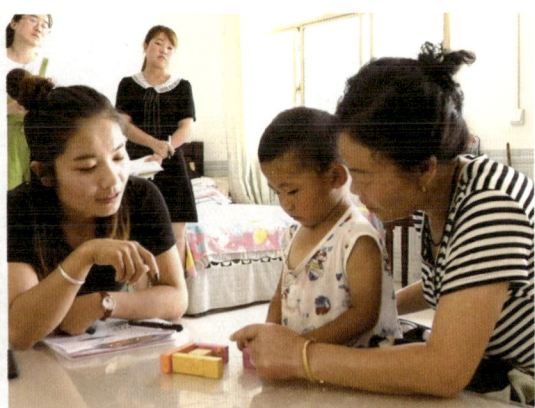

教育扶贫的累累果实，不仅惠及了成年农民、大中小学生、学前儿童，它还惠及到了幼儿。

"咱们这里的老百姓，他们养育孩子这个观念还停留在孩子吃饱穿暖这一个层次上，"庆阳市华池县儿童早期教育项目督导张永立说，"帮助家长合理科学地与孩子互动做游戏，改善他们的成长环境，这是我们的目的。"

在华池县典型的一户农民家里，家访员白霞正在给悦乐镇新堡村王湾子组的一个孩子进行早期教育。

和白霞一样，徐欣和李娟今天也完成了同样的工作，只是这个孩子的需求更加迫切。

三年前，董玉会的儿子在外打工遭遇车祸罹难，留下的孩子只有7个月大。后来，儿媳妇又常年在外打工，孩子就靠她抚养。董玉会65岁，不识字，只能给孩子吃饱穿暖，早期教育压根儿就没有听说过。好在教育扶贫的家访给她开了眼界，同时也让孩子变得聪慧活泼。

"家访员每周去一次，有的孩子因为一年很少见到父母，"张永立说，"孩子就把家访员当成了自己的妈妈，这种情况很多、很普遍。"

儿童早期教育这种活动遍及华池县的15个乡镇、4个社区、111个行政村。2017年9月，华池县实施"慧育中国·儿童早期养育项目"。这个项目将6月龄到24月龄的儿童作为干预对象，通过每个月实行滚动家访帮助儿童成长。

华池县是党中央和中央红军长征的落脚点，也是八路军奔赴抗日前线的出发点，是土地革命战争后期全国"硕果仅存"

的根据地，在中国革命史上具有"两点一存"的重要地位，但也是甘肃省的贫困县，很长时间几乎没有儿童早期教育。然而，全县在26名乡镇督导员和159名家访员的奔走中，教会了家长如何和孩子游戏、互动，提高了孩子的智力水平和语言表达能力。

教育扶贫就是扶智，扶智从娃娃抓起，就抓住了根本，抓住了先导性的工作，它能够避免因个人能力陷入的贫困。

2019年暑假，白银市靖远县北湾镇新坪村的第二期支教活动正在进行。活动由暑假回家的大学生组织，帮助对象是从定西市岷县和漳县移民搬迁来的130名初中生。这些来自两个深度贫困县的学生比当地学生考试成绩差。

培训班使用的楼房是镇政府帮助解决的，教室里的153副新桌椅是中铁十七局集团公司捐助的。从2019年春天开始，参加培训的62名9年级学生中有14人达到了靖远县的中考分数线，效果很是突出。

距离靖远县900公里左右的玉门市东乡族乡三社一村的一户平房院子里，70岁的建档立卡贫困户王福成和老伴正在整理自家种植的黑枸杞。妻子的一只手有病，干活效率很低。王福成的大女儿王海静，2019年考上了天水师范学院，正在外地打工挣学费，今天恰好在家；王福成还有一个女儿在玉门市上高二，儿子在酒泉市上中学。王福成家里困难，但王福成说就是累死自己，也要让三个孩子读书。

"有时候我们老两口，吃菜都吃不上，"坐在炕沿上的王福成说，"可是孩子书一定念，必须读，不念不成。"

教育扶贫篇 | 217

王福成老人就是累死自己，也要让三个孩子读书的话，就是甘肃省贫困农民让子女接受教育的宣言和承诺，建档立卡贫困户有这样的决心、这样坚定不移，再加上甘肃省大力推进、涉及每一个贫困家庭的教育扶贫，那累世在甘肃大地上存在的贫困，必然不可能代际传递。终结贫困，就在教育，就在当下。

精神扶贫 · 篇

JINGSHEN FUPIN

2019年6月19日，汽车还在路上，天就显示出要下雨的迹象，沉沉的灰云压在地平线上，风摇动着树木。赶在雨落前，甘肃省陇南市礼县精神扶贫文艺小分队要为雷王乡新化村进行一场演出。

这支由业余文艺演出爱好者组成的精神扶贫小分队，28名人员基本固定，已经在礼县29个乡镇的286个贫困村中的100多个村庄演出了166场，节目内容偏重唤醒、激发建档立卡贫困户内生脱贫的动力。

推进精准扶贫需要精神动力支撑，这是精神扶贫的逻辑起点。精神扶贫是习近平总书记"扶贫先扶志""扶贫必扶智"重要思想的体现，它能够解决贫困户精神层面主要存在的等、靠、要等消极思想，谋求先从精神上拔掉他们的穷根，再实现脱贫。

陇南市礼县是国家级贫困县，人口超过53万人，扶贫、脱贫任务艰巨。

正在演出的小品讲述了一个起初完全依赖等、靠、要过日子的懒汉，转变成自发要求脱贫的故事。它是在民间流传的一个与扶贫有关的讽刺笑话的基础上创作的：懒汉在农药瓶子里灌上水，威胁扶贫干部如果不给他低保和贷款，他就要喝"农药"自杀。"帮扶干部若答应给我救济、低保，咱就罢了，"懒汉说，"如若不然，一哭二闹三上吊，保证少不了我的好处。"

他的计谋被戳穿后，受到帮扶干部的启发和教育，于是转变思想，立志脱贫。

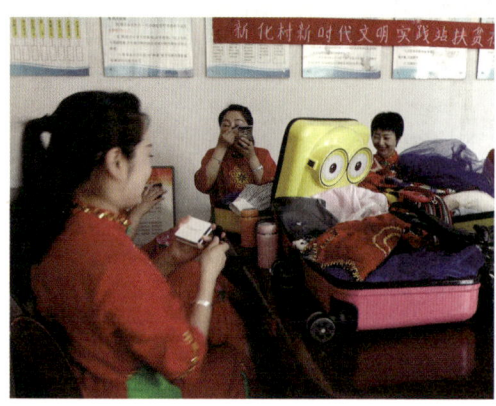

"人都说浪子回头金不换，"懒汉拍着大腿表白，"从今天起我就叫作金不换。"

就像小品表演的一样，在甘肃省，一些贫困户的确存在安于现状、甘于贫困、宁愿苦熬、不愿苦干，靠着墙根晒太阳、等着别人送小康的消极现象。甘肃省委、省政府为了消除贫困户这种消极的懒汉想法，便把精神扶贫作为精准扶贫的重要组成部分。为此，政府在全省乡村开展了深入推进农村精神文明建设"八个一"示范工程的活动。工程包括："一创一评"（文明村镇创建、"五星级文明户"创评）、"一规一会"（村规民约、红白理事会）、"一堂一队"（道德讲堂、志愿服务队）、"一场一榜"（文化广场、好人榜），坚持以美丽乡村建设为主题，以"乡风民风美起来、人居环境美起来、文化生活美起来"为目标，把深入实施为实践载体的农村精神文明建设"八个一"示范工程，与推进脱贫攻坚、改善农村面貌、培育新型农民相结合，广泛开展形式多样的群众性精神文明创建活动，着力提升农民文明素质和农村社会文明程度，不断提高全省农村精神文明建设整体水平，力争到"十三五"期末，实现"八个一"示范工程普遍开展的预期目标。同时激发贫困人口中那些等、靠、要懒汉思想严重的意志薄弱者内生脱贫的强烈愿望，实现"要我脱贫"向"我要脱贫"的转变。

"我是最先要求脱贫的。"说出这句硬气话语的赵芳兰，印证了群众对她的评价——"女汉子"。

"乡上让贫困户脱贫都不愿意，"赵芳兰在自家的小卖部门前说，"我提出来我先脱贫之后，再就没有人反对脱贫了。"

赵芳兰是陇南市西和县蒿林乡杜林村的农民。2006年，她怀孕期间，在矿山打工的丈夫刘建成不幸颈椎粉碎性骨折，再也无法站起来。

丈夫瘫痪、孩子们出生，贫困就像绳索一样紧紧地捆勒着她。"日子再难，也要过下去。"赵芳兰说，"自己能做尽量自己做嘛。不能等着，靠着，不能靠政府来养活。"

在坚定信念的支撑下，赵芳兰不但度过了一生中最艰难的日子，还把日子过得美好起来。现在，孩子在县城上初中，丈夫还能用手机帮她联系生意，自己不但加入了中国共产党，还当选为杜林村妇联主席，帮助别人脱贫，精神扶贫倡导的立志自强、依智富裕被她鲜活地展示了出来。

照顾丈夫十四年，主动要求脱贫，积极帮助别人，赵芳兰的故事成了村上人的精神榜样。

薛代花，藏族，藏语名字叫央吉玛。她是农村妇女，但也是一家工厂的总经理。七年前，她当选甘肃省舟曲县博峪镇卧欧诺村的党支部书记。鉴于村上生产落后、信息闭塞、群众保守思想严重，她决定利用村上被文化人描述为"蚕头蛇尾美人面，肉实纹细冰糖心"的中药材——纹党和在周边地区有名的纹党蜂蜜，带领全村94户乡亲脱贫致富。

2014年初夏，薛代花联合村里24户散养中华蜂的家庭，成立了农民专业合作社。他们到省内省外学习养蜂新技术，攻克了传统养蜂周期长、产蜜量小的难题。在伟大空前的脱贫攻坚战打响后，她于2017年成立纹党花蜂业有限责任公司，鼓励、带动贫困户土地入股、蜂箱入股、资金入股，统一销售产

品、统一分配利益，发展土蜂养殖，终于打造出享誉甘肃省的"甜蜜党建"品牌蜂蜜。2019年，她又联合13个农民养殖专业合作社成立联合社，建成年产100吨的土蜂蜜加工生产线，给310户农民家庭、18个村累计分红520多万元，实现了"党组织播撒甜蜜，消费者享受甜蜜，贫困户收获甜蜜"的愿景，成为甘肃省23个深度贫困县之一舟曲县脱贫致富的先进代表。

精神是指人的意识、思维活动和一般心理状态，精神能够内生自信、自强的激情与活力，这激情与活力正是精准脱贫必须的心理要素。

经营成县贵妃种养殖农民专业合作社的尚育康只是一个初中毕业生，在外打工两年挣了4万元钱后，回到家乡养鸡创业。

"因为今天下雨，泥特别多，拍不了鸡的图案，"尚育康拿出自己的飞行器，"我以前用这个飞机拍的，我给你们看一下我之前拍的那些视频，比如说这个，你看这是鸡摆的形状。"

他手机里储存着鸡吃粮食时显示的中文、英文字母的视频。这是他先用粮食撒成文字，等鸡吃食时，再用无人机拍的。

坦率地说，这位没上过高中的24岁年轻人，就像闹着玩一样通过短视频平台发布自己拍摄的养鸡影像，竟然有了40多万粉丝。他还带动了27户建档立卡贫困户养鸡，且已经全部脱贫。2019年通过线上、线下出售鸡和鸡蛋，他共盈利15万元，成为靠智带贫的典型。

精神，它能够指导人们进行各种社会活动。因此，把精神扶贫作为精准脱贫一个重要环节的甘肃省，在陇原大地上开展了以乡镇村寨为主体、内容极为丰富具体的精神扶贫活动，取得了听之、见之都叫人感动的成果。

2020年4月5日，临夏回族自治州临夏县掌子沟乡达沙村达驻村第一书记、帮扶队长周志英要去给评上五星级文明家庭的同胞挂牌。"达沙"是藏语小白马驹的意思。这个村有五个民族，村委会陈列的奖牌表明了村委会化解矛盾、调解纠纷得到的肯定。

汉族农民因为贫穷娶不上妻子，村上的回族、东乡族、撒拉族、藏族同胞就主动借钱给他，让他去找对象。借出去的钱，借钱者的娃娃都三岁了，也没人催要。

五星级文明家庭评选活动是甘肃省精神文明建设指导委员会办公室部署的农村精神文明"八个一"示范工程的一项内容。为了促进落实，临夏回族自治州永靖县决定全县140个行政村内，只要是评上"五星级文明户"的农民到县农村信用合作联社贷款，可以不要抵押贷款5到15万元。

达沙村这户评上五星级文明家庭的户主苏功成说，他家原来是建档立卡贫困户，2015年脱了贫，对生活，他只说现在好得很。

现在生活好得很，和苏功成同为五社五星级文明家庭的户主冯得禄也是这样说，远在597公里之外的平凉市灵台县上良镇合集村的姚士军还是这么说，但他说的内容却是儿子的彩礼。

"去年腊月里，我把儿子的婚事都安置好了。那会儿女方家要的彩礼有点高，经过两个村委会红白理事会的协调，最后

定下来9万元。"姚士军在明亮的家里说,"然后女方家又陪嫁了2万元。我还把我小女儿的婚事也安排了,这就把我的心头之忧都解决了。彩礼我也要得不高,就是本着让娃娃去把日子过好。"

姚士军的言语针对的是天价彩礼。天价就是价格高得离谱,高得让人难以承受,高得让家庭因此陷入贫困。这种陋习必须制止,它和当前的精准脱贫格格不入。于是,在省上的号召下,最基层的村庄开始了各种具体的实施方案,终于把天价彩礼、高价彩礼大幅度降了下来。

酒泉市成立了抵制高价彩礼妇联联盟。

平凉市灵台县举办了集体婚礼。

在庆阳市宁县,几乎每个村都有文明礼仪大厅,这是村上红事白事的定点场所。婚宴多少桌、一桌多少钱、烟酒价格的上限,一切都按照规定进行。村上监督,这种文明,引得人人说好,同时也改变了人们的观念。

"我嫁姑娘时随男方家自己给彩礼,"在地里干活歇下来的时间,肖秀云说,"给多少算多少,就是这样的。只要我女儿活得幸福,要啥彩礼?我不要彩礼。"

天价彩礼的转变叫人高兴,而甘肃省几乎每一个村庄都涉及的精神层面的转变更是叫人兴奋。体育设施、休闲场地、文化广场、乡村舞台、农民夜校、田间科普、政策宣讲、文化下乡等等,它们都直接或间接地关乎精准脱贫,且具有巨大的推动力量。

在庆阳市宁县和盛镇西卜村的农家书屋里,农民利用天热

午休的时间聚集在这里，阅读文艺、法规书籍和农业知识读本。书是县上赠阅的，村上每年再购买填补一些。除去阅读，农民在这里还可以进行农事交流。书屋一年365天，只要人来就开放，很是方便。

在农家书屋西侧一间房子里，有一些日用品，这是专为义务打扫村庄公共卫生的人准备的。

事实上，环境卫生、村容村貌在甘肃省是极为重视的。在省委、省政府的倡导推动下，其干净整洁只能用空前来形容。甘南藏族自治州实现的全域无垃圾已经把它的精神作用完全转变成精准脱贫的物质力量，全域旅游就意味着全域美丽、全域农牧民受益。

夏河县阿不去乎镇安果村共有358户人家，其中有建档立卡贫困户62户，贡保杰布就是其中之一。他家4口人，2017年脱贫，现在有23头牛，家里还开着牧家乐。

"我们家以前二楼住人，一楼养牲畜，"贡保杰布在自己漂亮的院子里说，"通过项目扶持以后，现在一楼、二楼都在开民俗牧家乐，接待游客，增加收入。"

而他家的牧家乐经营也是独具特色的：他把客房委托给甘南九色香巴拉旅游公司，自己保底一年拿一万元。如果客源多公司就会给他再分红，使用他二楼的房子也会给他付钱。牧民增加收入，究其根本源于甘肃省组织创建陇原乡村文明的大行动，它实现了美丽乡村，实现了文明家园。

在安果村，村民都会把烟头掐灭丢进垃圾箱里。看看安果村，想想整个甘南藏族自治州的那些村庄，那些脱贫的人家，

你会由衷赞美甘肃省旨在通过提升农牧民素质推进精准脱贫所开展的一切精神扶贫活动。

其实，表象上缺少文化的甘肃农民内心却传承了先辈遵循的伦理和道德，他们从小教育孩子要多做好事，要邻里和睦，要长幼有序，要有志做人，要依智持家等等，这正好成为甘肃省实现美丽乡村的有利先决条件。

东乡族青年马麻力克是易地搬迁的建档立卡贫困户，他原本在外地开饭馆，因为需要照顾老人，就回到家里。对于放弃收入高的生意，他根本不放在心上。

"做人有人道，国有国法，"马麻力克的爷爷马全忠说，"人要遵守人道，我们家一代一代就传下来了。"

对着媒体说话结巴的马麻力克，在家做起了养殖、贩羊的生意，2019年收入超过20万元。他会把村里人着急卖不出的羊只高价收购，饲养后再卖。他帮助的人有汉族、回族、东乡族，能帮就帮，不分民族。

马麻力克的爷爷马全忠，88岁还下地干活，他的勤劳就是他以身作则的家风教育。家风好的人家极少出"混混"。

家风好、家富裕、有文化、年纪大、肯帮人、有威望，就会成为乡村推崇敬重的乡贤。乡贤在乡村文化建设、化解矛盾、说媒提亲、减少彩礼等等琐碎的事情上发挥着不可或缺的作用，因此，在精准脱贫的伟大实践中，甘肃的乡贤就是农村实施精神扶贫需要的助力人物。

王忠义是庆阳市宁县和盛镇杨庄村的乡贤，由于在20世纪80年代就是优秀农民企业家，在村里很有威望，他说话都有人听。他的一次劝说化解了完全有可能成为一起恶性刑事案件的夫妻纠纷。

"我把男方的母亲叫上,我对她说咱们总不能因为你儿子的婚姻问题,让你儿子成为杀人犯嘛,"王忠义说,"通过我的两次协调,我调解成功了。"

78岁的杜岩东,党员,是陇南市礼县罗坝镇得票最高的乡贤。村民之间的纠纷,经他调解,双方都会握手言和,重建友好关系。

"有一起民间纠纷,我用了三个月时间进行调节,"杜岩东说,"就这三个月中间,闹矛盾的人,动不动又有这样那样的事。我常劝说着,第三个月才把这个矛盾调解了。"

杜岩东牵线搭桥,促成了39对青年男女结成夫妻,没有出现一家因为彩礼致贫、返贫,还阻止了一起两换亲的婚姻。其中一起是女方家要求两换亲才肯出嫁女儿的,也被他说得放弃了。他认为两换亲矛盾多,会影响两个家庭。

"不团结做不成生意。"这是临夏县达沙村农民冯得录的体会。

团结就能做好生意,"好日子是奋斗出来的"。从精神上激发贫困户内生脱贫的动力,促使他们"站起来""走得远",实现"口袋"与"脑袋"同时脱贫,其中一种方法就是把这些概念具象地展示给他们。

当一个人看到一个村庄的历史,他就会思考过去、现在和将来,在精准脱贫的奋斗中,乡村历史记忆馆就是给贫困者进行精神脱贫的实物展示基地。

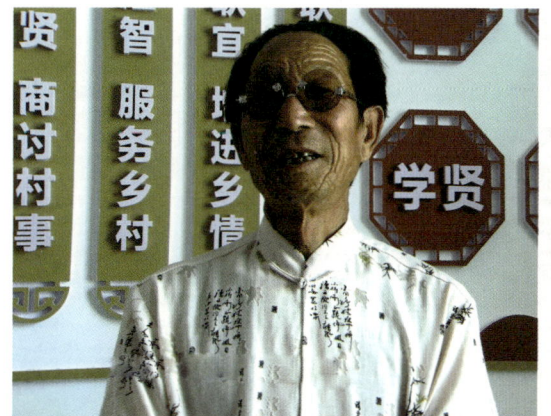

天水市张家川回族自治县马关镇的"历史记忆馆"有6个展区，200多平方米的空间陈列着马关镇农民的生产工具等1300余件实物，借此营造出提升志气、奋斗脱贫的氛围。

在这里，不论外面打工的、赶集的过来一看，一对比，人们就会赞叹现在的好生活，也会再加把劲使自己快速脱贫。

这种为激发贫困户内生脱贫动力的扶智方法，在甘肃省广袤的大地上还有许多不同的呈现，它们处处可见，委实体现了设计者的愿景。

马关镇新义村是个扶贫易地搬迁安置点，却俨然是一处乡村休闲旅游地。

美丽乡村、文明家园是甘肃省组织创建陇原乡村文明的大行动。在这项创建活动意见的指导下，甘肃省乡村发生了亘古未有的变化，置身其中，真有"农家乐也"的由衷赞叹。

西和县石堡镇包集村管辖6个社，2013年建档立卡贫困户共有116户539人。包集村在一条南北走向河流的深处，可利用资源唯有非物质民俗乞巧文化。利用这一点，包集村就把自己打造在每年的乞巧活动时间每天可接待游客5000多人次、创造经济效益30多万元的村庄。因此，到2019年底，全村只剩下25户71人没有脱贫，贫困发生率下降到4.56%。

依靠包集村实现脱贫的不仅仅是本村妇女，它的刺绣产业还影响了周边的农村。一个原本闲下来无事可做的农村妇女，做针线活就能挣上数千元，这对脱贫是多么有力的促进！

一位过去做豆腐谋生的老人，现在养殖了澳大利亚杜泊、萨福克羊，可见他的眼界远非过去只能看到家门口的短视。

包集村已经很优雅、很古典了,然而它还在美化。包集村会越来越美,甘肃省的乡村都会越来越美。这是大势,这是必然,这是实现甘肃省乡村振兴的序曲。

振兴就得有志有智,而志有时是通过启发实现的。政府购买公益性演出就是其中一项,仅2020年甘肃省就安排239场"我们的中国梦"、文化进万家暨"陇原红色文艺轻骑兵"赴基层演出,首选尚未摘帽的8个贫困县,现已经演出118场;演出已覆盖全省10个市州29个县(市、区)。

在玉门市黄闸湾镇下西号镇陇原红色文艺轻骑兵的一场演出,吸引了几乎所有的人来观看。

除了演出还有常年在农村公益放映的电影。目前,甘肃省共有农村流动放映队892支,16391个放映点,覆盖全省行政村,农、林马场等共16391个点。仅2019年,就订购各类影片1142部,放映就达到205148场,观众近600万人次,实现了全省行政村"一村一月,放映一场"电影的公益服务目标。

一个夏日的晚上8点半,酒泉市肃北蒙古族自治县中心的周末文化广场上正在播放露天数字电影。它给当地居民、游客、外来务工者单调、乏味的夜生活带来了乐趣,深受欢迎。

现在,夜晚在甘肃省乡镇行走,停下来看一场戏、一场露天电影是十分寻常的事情。

这些文化演出,归根到底却属于甘肃省推进精神扶贫助力精准脱贫,最终的目的就是克服、去除建档立卡贫困户的等、靠、要懒汉心态,激发他们内生脱贫的动力与热情。

甘肃省组织开展"美丽乡村·文明家园"和推进农村精神

文明建设"八个一"示范工程的要求，在陇南市武都区鱼龙镇上尹家村这个建档立卡贫困户人口超过全村一半的山庄都得到了落实。

"我们镇上给五星级家庭，比如说尊老爱幼的家庭，进行奖励，户均奖励500元左右，"鱼龙镇党委书记庞云说，"现在我们镇子5000多户人，矛盾很少，整个乡镇特别和谐。"

2019年6月，甘南藏族自治州卓尼县木耳镇博峪村的民俗园正在施工。这座民俗园是以群众入股方式打造的村级经济体，实质是以发展乡村旅游带动贫困户脱贫，乡村旅游是精神扶贫助力精准脱贫的一项重要内容。

"咱们站的这个地方是我们博峪村的集体经济，是以三变的形式，吸纳了我们全村的49户贫困户的产业扶持资金98万元，"年轻的张桂萍介绍说，"等我们的项目运营以后，入股的农牧户，都会以分红的形式得到收益。"

博峪村半农半牧，136户人家，2014年建档立卡贫困户52户215人。

高吉庆是博峪村的贫困户，开办藏家乐之前在外地打工，同时还做点小生意，尽管有志富裕，但年收入从来没有超过3万元。

2017年，借助乡村旅游，高吉庆申请精准扶贫贷款10万元和妻子办起了藏家乐，一年收入就超过了10万元，成为有志靠智脱贫的典范。

像高吉庆家这样的藏家乐，博峪村有26家，它们带动36户建档立卡贫困户脱了贫。他们的小康生活指日可待，现在全

村人平均收入已经达到1.1万元。

的确，建设美丽乡村带动建档立卡贫困户脱贫，是精神转化物质的有效途径，只要肯做，脱贫还是难事吗？

平凉市泾川县泾明乡白家村，是甘肃省"千村美丽"示范村。白家村的牛角沟遗址展馆内陈列着"泾川人"头骨化石，它是甘肃境内首次发现的人类化石，距今约5万年。

2017年，白家村党员和群众共同出资480万元，成立了文化旅游开发公司。公司用财政扶贫资金为16户低保、五保、残疾户和83户建档立卡贫困户每户配资5000元入股，吸纳贫困户中的26人就业，保证了全村96个贫困户增加收入，直接脱贫。

美丽的村容村貌带来了贫困户精神层面的提升，只要肯做，脱贫还是难事吗？

"截至2018年底来的游客，大概就有3万多人，收入大概就是180多万元。"平凉市泾川县泾明乡白家村支书白安宁说到自己的村庄，总是很自豪。

的确，在白家村两位老人边炸油糕边卖，一个一块钱，一天能卖2300多个。2300多个就是2300多元，在其他地方一天哪能有这么高的收入？更何况还是老人。

现在，甘肃省利用独特的、丰富的、优质的自然资源，把美丽乡村建设当作精神扶贫的一个重要环节，取得了卓越的成就。凡是村容村貌干净整洁的乡村，村民的表现几乎没有精神贫困者那样的消极与邋遢。

临夏回族自治州和政县是国家六盘山集中连片贫困县之

一，新庄乡正在举行赛马。赛马是娱乐、是体育，但赛马能刺激人、给人长精神。人和马饱满的精神状态也会感染每一个观看者：第一就是跑得最快的。

庆阳市环县甜水镇大良洼村党支部书记魏宗军，儿子叫魏树家，中学毕业后卖了家里的羊、买汽车做生意，生意失利后去铁路公司打工又嫌挣的钱少，便回家贷款，重新养羊。现在年收入超过10万元，但魏树家又想外出，他认为自己年轻，不甘心在山里放羊。

"放羊没意思，如果是五六十岁的老年人放上100来只羊混个生活，"魏树家说，"一年落个七八万块钱是没问题的，但对我来说不行，我的想法很野。"

魏树家这是折腾吗？

不。这是精神，这是积极进取的、不认输不服输的志气，这志气正是精神扶贫和精准脱贫需要的顽强和意志。这些处在严酷自然环境中的人，一个个摘帽脱贫，依靠的就是精神的自我觉醒：我行！我可以！

事实上，精神不贫困的农民，很少是建档立卡贫困户。所以，甘肃省的精神扶贫就没有忽略一个人、一个角落。

扶持农村妇女，让不能外出打工的贫困户妇女相信自己也可以成为家庭脱贫的重要力量，也是精神扶贫的要点。

在庆阳市华池县妇联组织的培训班上，建档立卡贫困户宗水红正在做手工刺绣，这是她的身体允许她唯一能做的挣钱活。她患病在家时做起了刺绣、香包等民俗工艺品，年收入竟然有3万元左右。

"我 2009 年得病查出来是宫颈癌。我休息了几年，病好一点了，但不能干体力活，"在鞋垫上绣花的宗水红说，"我现在在南梁红文化产业公司上班，一个月工资 2000 多元，我觉得还可以，能为老公减轻点负担。"

一年挣上 3 万元，她还怀疑自己吗？我可以！我能！我行！

和宗水红一样，在这里参加过培训的妇女共有 100 多名，她们无一不是家里脱贫的主力。

精神可以成就脱贫，充分认识到精神扶贫力量的甘肃省驻村帮扶干部，无一不在这方面下足功夫、用尽心力。

2019 年 7 月 23 日，庆阳市华池县乔川乡铁角城村驻村第一书记、帮扶队长张建红，在甘肃省武威市参加完"全省村级党组织第一书记示范培训班"课程，当天中午 11 点坐火车穿过宁夏回族自治区到陕西省定边县，再租车到所驻村庄时，已经是 24 日凌晨 1 点。她的家在 780 多公里外的兰州市。

铁角城村处于陕西省和甘肃省的交界地，全村 652 人，但贫困户有 72 户、290 人。

张建红选择精准脱贫的切入点就是精神扶贫。她首先要提升全体村民的精神：脱贫首先要有脱贫的志气，志可以生智，有了它们就能脱贫。

村上疗山组的康利萍，不讲究家庭卫生，张建红每周就到她家检查，督促康利萍把家里打扫干净。她认为，卫生代表一个家庭的精神状态，精神不好，哪有心劲脱贫？

"农家一天的活太多了，"康利萍擦着脸上的汗水说，"干了一天活回来，懒得收拾。"

张建红的坚持改变了康利萍。家里干净了，康利萍的儿子章阳阳都说放学回来，感觉很舒坦，学习也就很轻松。

康利萍家干净了，康利萍家脱了贫。

为此，铁角城村还公开进行积分兑换奖励。

"贫困户积分低于 60 分就要进入黑榜，高于 80 分、90 分就可以进红榜，积分拿到一定程度，"张建红指着街道上的积分牌说，"比如说这个香皂是 5 分的话，我们就给他发个牌子，他就可以在我们的巾帼超市兑换日用品。"

现在，焕然一新的村容村貌和文明乡风，有力助推了铁角城村在 2019 年实现了全部脱贫，张建红依靠精神扶贫圆满实现了精准脱贫。

精神扶贫赢了！

"……健身器材排两边，脱贫致富奔小康，人均纯收四五千，小康生活乐无边，崭新瓦房排成行，自来水儿进厨房，家家户户水泥路，太阳能路灯明又亮，乌龙头当归几百亩，金银花开在公路旁，迎春花儿点头笑，油菜花儿遍山黄……"

在陇南市礼县雷坝镇甘山村的农民夜校里，农民张宏正在朗读自己的诗作，诗算不上对仗工整，但泥土气息极其浓厚。

甘山村有写诗、唱山歌的传统，其创作在 20 世纪 70 年代就成为甘肃省乡村文化的一段传奇。在夜校的教室里，驻村帮扶队长王仁，这位来自西北师范大学的老师，正在给大家上课。

"我们将在原来甘山歌谣的基础上，组织村民撰写、收集、整理、出版新时代的新甘山歌谣。"

出版甘山村农民的诗歌新集子，这就是精神扶贫推进乡村

文明。这种文明又大力推进了甘山村的脱贫进度，形成良性循环，终使甘山村的贫困发生率由2013年的50%缩小到2019年仅仅只剩下一户建档立卡贫困户共计5人，精神又赢了。

"提上笼笼掐韭菜，山大的路远咋走哩？……"

歌声消失在巍峨的群山，贫困户农民有如此饱满的精神，他们脱贫的日子还会远吗？

帮扶扶贫

· 篇

BANGFU FUPIN

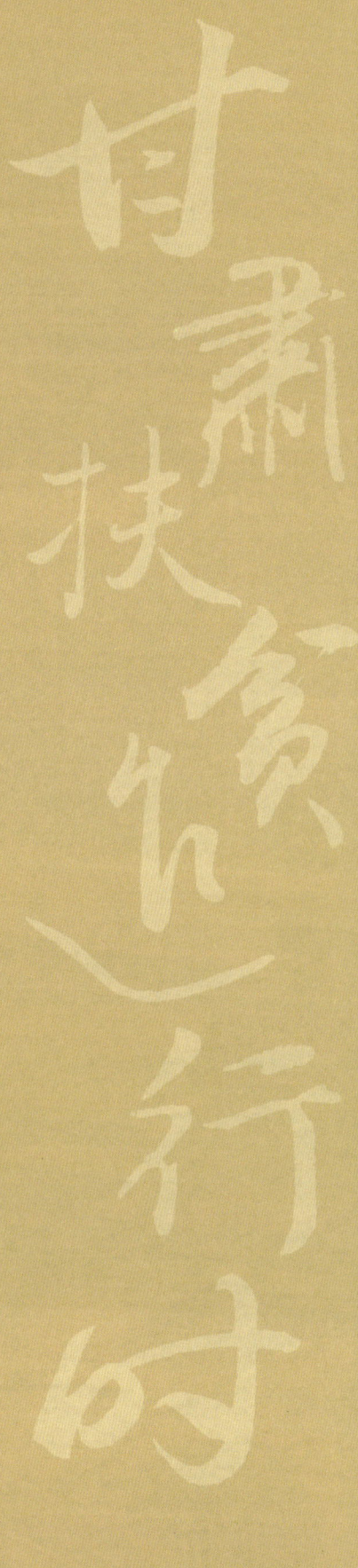

2014年7月，谭银儿34岁，这位甘肃省静宁县红寺乡寺岔村患有严重疾病却生育出四个健康孩子的母亲，成了世界上最叫人怜悯的女人。她患有肺结核的丈夫何收堂因为盖房缺钱无法找人帮工，终因劳累过度不幸去世。

母亲长期重病，家里4个孩子，12岁的大女儿何调娟就成了全家五口人的支柱，日子过得艰难困苦、心酸无望。

甘肃德美地缘现代农业集团的高鹤一说："我们对何调娟家四年提供助学金12500元。"

事实上，像何调娟一样得到德美（集团）帮助的人遍布静宁县24个乡镇、1个城市社区。2018年之前德美（集团）已帮扶771户，15000人次，投入资金1020万元；2018年年底摸底又筛选出938户，归档为应帮户，分级给予帮助。

静宁县位于六盘山以西，是甘肃省23个深度贫困县之一，全县48.75万人口中，2014年建档立卡贫困人口就有12.95万人。脱贫攻坚是举全县之力推进的事业。德美集团认为这是新时代最伟大的民生工程，自己应该积极参与其中，并且要结合一人一户实际进行，形式不拘一格。

"我们公司的扶贫活动已经开展了十年，"甘肃德美地缘现代农业集团的董事长田积林说，"我们家过去也很穷，富了不能忘穷人。"

2019年8月2日，下雨也没有妨碍德美集团工作人员到四河乡上赵村对静宁苹果代言人的入户甄别。这项活动自2015年开始，每年在大学录取的本科新生中，由集团筛选出100名贫困学生，给予2000元到10000元的资助，再把集团优质有

机苹果以成本价供给代言人利用电商等平台出售，利润归学生所有。曾有学生在平安夜把20元一个的苹果以每个80元的价格售出80多个。想想，这对那个学生是多大的一笔收入?!

2019年被武汉纺织大学录取的王亚丽，弟弟也考上了大专。然而，由于父母外出打工多年从未给家里寄过钱，姐弟俩依靠的爷爷、奶奶都已经70多岁，学费和生活费成了他家天大的困难。

其实，这就是完全意义上的精神扶贫，它对建档立卡贫困户的感动是多元的：家长感受到社会的温暖，学生记住了家乡人的关爱，增强了向善、回报家乡的心理，甚至闻其事者也会肯定与赞同。

甘肃德美集团是家民营企业，到2019年成立已经13年，现在基本完成了从私营向股份制经营的转型。董事长田积林把继承自母亲的积善降祥的人生观融入共同富裕的大同世界观念中。他在静宁县各个村庄针对不同贫困类型进行各种慈善活动，扶贫、提供就业岗位，为在德美集团就地实现劳务输转的农民累计支付4.95亿元，这是多么有力的帮扶啊！就像田野里的大树，荫庇了上万贫困的人。

现在，何调娟一家租房住在镇上，何调娟在中学读书，最小的弟弟已经6岁，母亲还是那样，但家里的气氛叫人乐观。

甘肃德美集团帮扶何调娟家的员工李珂兵说："确定扶贫后，我们基本上每个月下来一次，它们家的洗衣机也是我们2017年年底送来的。"

像何调娟一样得到德美集团帮助的人遍布静宁县24个乡

镇和1个社区。2018年之前，德美集团已经帮扶建档立卡贫困户771户、15000人次。同年年底，他们又筛选出要帮扶的贫困户938户，自己建立档案，分级给予资助，总金额达到了1600多万元，成为社会扶贫的典范。

社会扶贫在政府、市场、社会新"三位一体"大扶贫格局中占据很重要的地位。东西部扶贫协作、对口支援，是国家战略层面的社会扶贫。在中央扶贫开发工作会议、东西部扶贫协作座谈会精神的指导下，甘肃省大部分贫困市、县，分享到了社会扶贫带给他们的福祉。

甘肃省甘南藏族自治州是全国"三区三州"深度贫困地区之一。在这个美丽迷人的地方，被公路分隔成东西两部分的夏河县阿木去乎镇黑力宁巴行政村，就像一朵硕大的格桑花，吸引着南北行走的游客：不下去看看，会留下遗憾。

黑力宁巴村平均海拔3100米，下辖8个自然村，有建档立卡贫困户114户666人，2013年被认定为贫困村，2017年又被确定为省级深度贫困村。然而，2019年只剩下3户16人没有脱贫，贫困发生率仅为0.82%。一个过去深度贫困的村庄是如何在三年时间之内就实现了整村脱贫的呢？

天津市是东西部协作扶贫甘肃省的四个东部沿海城市之一，甘南藏族自治州是天津市的对口帮扶地区。在地方政府决定打造黑力宁巴样板村项目后，得到了来自天津市东西部协作帮扶资金677.63万元的支持。这笔资金的科学管理、合理使用大大加快了黑力宁巴村精准脱贫的速度。看看还在建设的黑力宁巴村，阿木去乎镇要把它打造成叫响全国的旅游标杆村的愿

帮扶扶贫篇 | 273

望能不实现吗？其实，黑力宁巴村只是天津市帮扶甘肃省34个贫困县、区的一个例证。

和天津市一样，青岛市、福州市、厦门市也是这样帮扶甘肃的，尽管方法形式不同。

刘玉红是甘肃省陇南市祥宇油橄榄开发有限责任公司的董事长，她整合17个乡镇、4.6万农户的32.6万亩的橄榄种植园，直接带动建档立卡贫困户4615人脱贫。然而，与扶贫规模同时扩大的企业产能，急需要求他们开辟甘肃省以外的市场。仿佛春苗得到喜雨，陇南市在青岛市连续三年举行的以特色农业项目为主的推介会，把祥宇油橄榄一步推到了1700公里之外的黄海之滨。

祥宇油橄榄开发有限责任公司总经理李建科说："我们2018年8月在青岛开设分公司，半年时间里，市场收益就达到600多万元。我们现在在海南、西安、天津、广州等地的市场都按照青岛模式推广。"

和祥宇公司一样，陇南市农业产业化重点龙头企业——甘肃绿盟牡丹产业发展有限公司也面临着急需走向省外市场的需求。

"我们的牡丹本身就是小众产品，"公司董事长刘晓红说，"我们的牡丹花蕊茶一亩地只产500克，也就是一斤。这么高端的食品，从我们礼县能走到青岛肯定对我们有极大的好处和效益。"

很庆幸他们也搭上了陇南市在青岛市举办的特色农产品推介会的顺风车。

远在海边的青岛市之所以帮扶千里之外的陇南市，是因为陇南市是它的对口帮扶地区。自2017年到2019年5月，青岛市共安排帮扶陇南市资金8.35亿元，陇南市则将这些资金的99%用在本市深度贫困的县、乡、村，完成了许多扶贫项目。

像天津市、青岛市一样，福建省的福州市、厦门市也在甘肃省有对口帮扶的市、州，这是它们贯彻执行党中央、国务院东西部扶贫协作重要部署的具体举措。仅2019年，这四个东部城市就带动甘肃省贫困人口136.67万人脱贫。

截至2020年5月27日，甘肃省东西部扶贫协作全年资金已经到位29.24亿元，超出计划4.81亿元。

看看这个表，得有多少词语才能诠释它含有的所有意义呢？

今天，这四个东部城市对甘肃省的对口扶贫，已经不是单一的钱物帮扶，而是形式多种多样，从项目帮扶、劳务输转、技能培训、建立扶贫车间、销售特色农业产品，一直到在帮扶地建工厂、签订农业订单等等。

陇南利和萃取科技有限公司的厂房还没有彻底完工，机器已经工作，产品是花椒油。

这是中国第一套花椒原产地万升级萃取装置，它是青岛市在陇南市落地的产业扶贫项目，一年可以处理花椒5000吨。这对陇南市的花椒种植户来说，就是绝对的利好消息，它能够惠及当地上万农民，贫困户还会优先得到额外的照顾。

4月，是成县最迷人的时候，在这里这个时节的雨天里劳动也是诗意盎然的。万寿菊是白马寺村瑞欣农业合作社为青岛

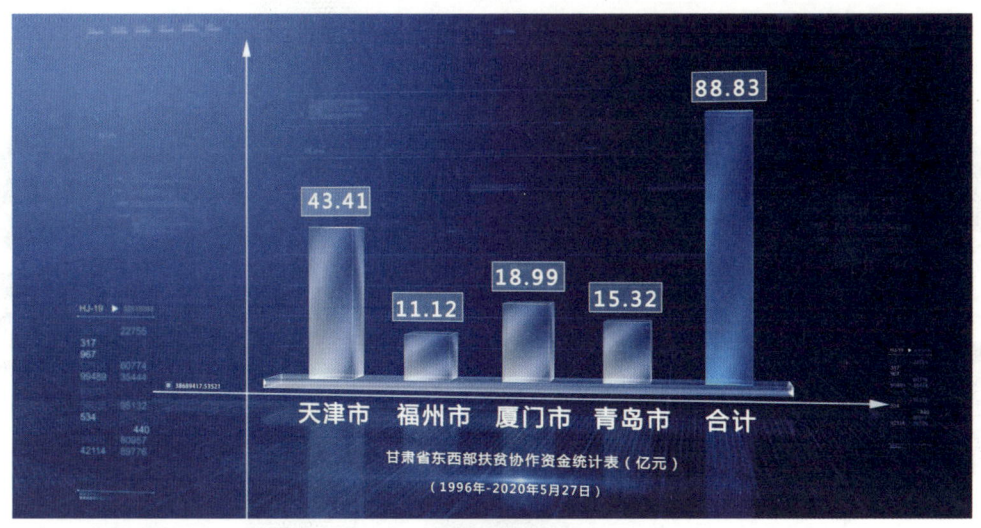

佳一生物公司培育的，也是一个东西部扶贫协作项目。合作形式是青岛佳一生物公司提供种子和技术指导，白马寺村合作社提供土地、劳力等农资服务。等花苗长大分发给当地农民种植，青岛公司再以保护价收购，确保种植户每亩土地平均收入3000元以上。

"我们这个合作社吸收本村和邻村的贫困户32人。"白马寺村瑞欣农业合作社的郭宇说，"这些地里劳动的贫困户基本上都是不能外出的妇女，在这里干活每天有65元的收入。我基本给他们按月发钱，他们从2月份一直要干到11月份。"

青岛佳一生物公司在成县和7家农业合作社签订了万寿菊种植协议，面积达到1.6万亩，这个项目改变了从"输血"扶贫到"造血"脱贫的转变。

"我们全村有70户建档立卡贫困户267人，"郭宇说，"现在已经全部脱贫。"

年轻的曹俊是中国文学艺术界联合会国际部美大处处长，2015年曾经在这里工作了一年。现在他再次来到这里，是为了完成中央单位定点扶贫的使命。中央单位定点扶贫和东西部扶贫协作是并列的国家战略。

陇南市武都区鱼龙镇上尹家村海拔1980米，全村214户，2014年有建档立卡贫困户92户360人，人口超过全村688人的一半。到2019年底，全村只有1户4人未实现脱贫。

曹俊介绍说："这一户因为户主本人严重残疾，还有两个儿子，他自己完全丧失劳动能力，基本上他这个情况是最困难的了。"

的确，那位建档立卡贫困户的身体状况决定了他即使得到最有力的帮扶也不具备脱贫的能力。

上尹家村的贫困发生率现在已经下降到0.58%，这和中国文联的定点扶贫有直接关系。

这些日光温室种植的草莓，上尹家村此前从来没有人种过，它是中国文联投资58万元修建的。建成后交给村上农民专业合作社种植，按比例给种植人员、村集体公益基金、土地流转户和合作社分红，分红方案兼顾了四方利益，十分合理。

曹俊说今年的草莓，如果收获4000斤的话，目前按照平均售价，即使是20元一斤，我们也有8万（元收入）。这是两亩多地。如果种药材最多能卖5000元，还要卖得好。

像中国文联这样定点帮扶甘肃省贫困县、区的中央单位在甘肃省共有36家，他们投入资金、实施项目、帮助引进项目、购买帮扶所在地的农产品、举办各种扶贫活动，成为甘肃省扶贫攻坚战役中一支战斗力强大的队伍。

社会是由人与环境形成的关系总和，它包括个体之间、个体与集体、个体与国家的关系。在甘肃省扶贫、脱贫的伟大实践中，驻村帮扶让这三种关系展现出新时代的特点。由于因村派人精准扶贫，2017年国家扶贫考核结果显示，甘肃省群众对此的满意度比全国平均水平高出了3.79个百分点。

在陇南市礼县雷坝镇甘山村当驻村帮扶工作队长的王仁来自西北师范大学，他自2017年8月至今都住在甘山村扶贫。

现在，甘山村已经实现了整体脱贫，然而，王仁还留在村上，他要把国家针对脱贫户脱贫不脱政策的扶持执行到确保每

一个贫困户实现稳定脱贫。

仅2018年以前，像王仁一样的驻村帮扶干部，住进了甘肃省6220个建档立卡贫困村，全省9588个帮扶单位结对帮扶了58万7553户贫困户，形成了单位到村、干部到户、工作队驻村的格局。2019年2月23日，甘肃省脱贫攻坚领导小组表彰奖励的帮扶工作先进集体和先进个人共计740个。

"我的工作对家人亏欠太多，幸亏老公特别理解我、支持我。我就一直在想，等脱贫攻坚结束了，我一定要跟他促膝长谈一次，表达我对他的爱和对他的感激。"

这是牺牲在扶贫路上的张小娟生前给同事赵冬梅说的话。她牺牲时年仅34岁，职务是甘南藏族自治州舟曲县扶贫办副主任。

牺牲在甘肃省扶贫第一线的还有兰州财经大学派驻定西市渭源县大安乡方家庄村党支部第一书记、驻村帮扶工作队队长赵怀越。

还有陇南市礼县龙林镇党委书记秦彦军。

从2015年至今，为甘肃省精准扶贫献出生命的共有29人，其中有男性也有女性，年龄最大的58岁、最小的26岁，他们有的是中央驻甘单位干部，有的是甘肃省、市、县直单位和乡村干部。

由于贫困面广、贫困程度深，甘肃省的扶贫、脱贫是一场任务艰巨的攻坚战。战役中的故事、人物，有的感人心魂，有的给人印象深刻。

社会扶贫和专项扶贫、行业扶贫构成三位一体，也是政府、市场构成新"三位一体"的主体,这足见社会扶贫在扶贫实践中的地位。甘肃省地处内陆,经济不发达,许多建档立卡贫困户还处在绝对贫困状态,即个人和家庭依靠劳动所得和其他合法收入,不能维持其基本的生存需要。而甘肃富裕起来的那些人,大多不忘自己出身贫寒,对贫困户都有帮扶的积极意愿,有的已经开始了具体帮扶。

甘肃省临夏回族自治州是国家确定的深度贫困地区之一,是甘肃省最贫困的地区,也是脱贫攻坚最难啃的"硬骨头"。2018年底,全州仍有16.38万贫困人口未脱贫。但在社会各界的帮扶和一批扶贫带头人的共同努力下,脱贫攻坚的步伐一刻也没有停止。

随着夏季到来,临夏州和政县城关镇咀头村的梨园山庄也热火了起来。这座号称避暑胜地的山庄占地1200多亩,既是乡村旅游和农家乐体验项目,也是果林园地。山庄吸纳了100多个贫困户做服务,20多个农户为庄园提供食材。

梨园山庄创办人杨胜强,就是城关镇咀头村人。2011年,他创办了临夏州第一座大学生自主创业生态养殖园,养殖鸡和羊。次年成立养殖营销专业合作社,陆续吸收213户群众入社,带动全县兴建了十多家养殖场,打造了自主品牌"和政羊"。合作社的养殖基地,每年出栏优质良种羊5000余只、土鸡40000余只,销售额突破1000万元。周围的360多户农家和120多个贫困户,依靠基地户均增收6800元左右。

杨胜强还创办了甘肃慧聚电子商务产业园,60多个大学生正在网上帮助贫困户销售农产品。

慧聚电子商务产业园还在甘肃庆阳等地创办了三个电子商务公司，帮助就业 2100 多人，带动 500 余人发展电子商务创业就业，60 余家企业通过线上销售增加了经济效益。公司为贫困户、五保户、贫困大学生先后捐资 60 万多元，救助贫困大学生 27 人。杨胜强和他的团队，在扶贫攻坚的大潮中，的确是一支年轻、新锐、接地气、有闯劲的有生力量。

和大学毕业就开始创业的杨胜强相比，54 岁的张健似乎是有点晚了。张健是和政县买家集镇两关集村村民，在外务工多年，收入一般。2018 年，广东康美药业股份有限公司在买家集定制中药材。张健于是回到老家，贷款 8 万元从村民手里流转了 80 亩耕地种当归，还套种了大蒜。2019 年初，他让外出务工的儿子也回家种药材，给康美药业供货。

张健流转的山地上当归长势喜人，20 多名村民在地里锄草，兴奋地谈论着秋天的收获。

农村妇女李换儿每月能收入 2000 多元，半年就能收入上万元，脱贫目标年底就会实现。张健的当归每亩净收入能达到两三千元，脱贫致富也是指日可待。

84 岁的老太太虎腊月，在张健的当归地里除草、采药，日工资能拿到 80~100 元。虎腊月说我挣的钱给重孙上学用，其余的留下养老。现在，两关集村的荒地上 40 多户农户种植的 200 多亩中药材，预示着生机和希望。

和两关集相邻的牙塘村，在甘肃和政八八啤特果集团有限公司的支持下建成了千亩啤特果种植基地。

啤特果是生长在甘肃省和政县山区的一种独特山珍，营养

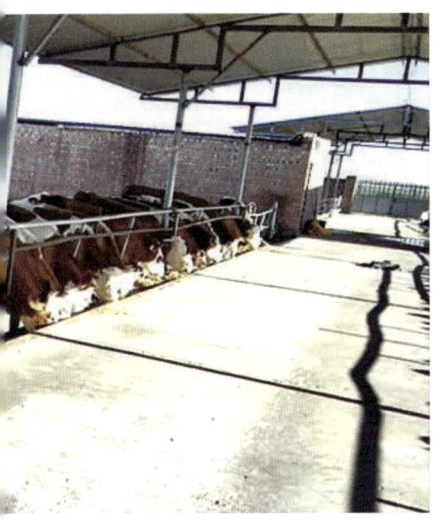

丰富，健脾开胃，很受消费者欢迎。

　　和政八八啤特果集团动员当地群众加入啤特果种植合作社，用自家栽植的啤特果树和土地入股，待啤特果成熟后出售给八八集团，每斤高出市场价格1角。牙塘村的22户建档立卡贫困户每人每天拿到100元劳动报酬，每亩地能增收800元。中药材和皮特果不仅绿了山乡，还鼓了农户腰包，成为贫困户增收致富的好"药方"。

　　大企业的帮扶为贫困人口打开了一条脱贫的通道。而一些成功的当地企业家也不甘落后，用自己的方式为家乡贡献着爱心和力量。

　　2013年3月，陈梅珍回到了娘家——和政县陈家集乡上王家村陈家洼社，投资兴建了以种植林木和养殖畜禽为主的华丰庄园。此前，她是一家农资企业的总经理，总资产8000多万元，客户遍布临夏州七县一市及周边地区。陈梅珍回到娘家，是想带领父老乡亲脱贫致富。她租赁了乡亲们的1360亩土地，种植绿苗木和饲料作物，在山谷里散养了上万只珍珠鸡，在山坡上养殖牛羊1600多只头。

　　这是华丰庄园的现代化养鸡基地。指导陈梅珍搞养殖的专家王长富是台湾的养鸡大户，1992年来到大陆传授养殖技术，他能讲出鸡蛋壳和蛋清中间有一层凤凰衣。

　　陈梅珍娘家的乡亲们出租了土地，又在华丰庄园里干活，租赁费和劳务费算下来足以脱贫。

　　虎世发是陈梅珍的中学同学，2016年陈梅珍开始第二次创业时，虎世发受和政县科技局的委派到华丰庄园当了科技特派员。2018年，虎世发的任期到了，但他没有离开华丰庄园，有时间就到养殖场教授养牛养鸡、栽树育苗。

长期在华丰庄园务工的杨延军家里有6口人，只有他一个壮劳力。77岁的陈永安，是陈梅珍的娘家人，也在华丰庄园务工。他俩都是建档立卡贫困户。在华丰，他们有了稳定的收入，脱了贫。

陈梅珍计划将华丰庄园发展成农家旅游综合体，让贫困群众早日走上致富小康路。

2016年1月26日，甘肃省正式启动了"千企帮千村"精准扶贫行动，号召省内各个商会和民营企业行动起来帮扶全省贫困村实现精准脱贫，这一号召大大加快了他们行动的速度。

临潭县是国家集中连片特殊困难地区贫困县，双龙民族铜器加工厂的创办人贾双龙，是临潭县城关镇教场村人。贾双龙因为家里贫困没有上完小学就跟着大人拾牛粪、当小工，成年后在定西市岷县学习了5年铜器加工，成了当地有名的匠人，年收入50万元以上。

贾双龙有钱，但家乡贫困。教场村有建档立卡贫困户95户，是临潭县的深度贫困村。2017年夏天，贾双龙从岷县回老家注册了公司，把老宅子改造成加工车间，招收贫困的乡亲们做股东加入他的铜器加工合作社，给他们分红；吸纳村上的建档立卡户在他的车间务工。

这7个工人中有6个是建档立卡贫困户，其中两个是残疾人，不会说话。

56岁的马勺卜，是一个7口人家庭的主要劳动力，上有

84岁的母亲,下有两个在小学读书的孙子。过去他在外打零工,月收入只有1000多元。现在,夫妻俩都在贾双龙的扶贫车间干活,月收入5000元以上,短期内就走出了贫困的阴影。

"这个地方一直有活",马勺卜说,"外面打零工没有保证嘛,有活了就干一下,没活了就闲下来了。"

2018年年底,经营半年的铜器加工合作社就给贫困户股东按股份比例分发了5000到20000元不等的红利。

"我带了99户建档立卡贫困户,"贾双龙说,"99户建档立卡贫困户共有370多人,全部脱贫了。"

2019年7月27日是个小阴天。67岁的五保户沈祖比德,住在临夏回族自治州的八坊街道王寺街119号,她每月依靠政府补贴的400元和180元的爱心救助金保证基本生活。

从2004年开始,八坊街道的200户贫困居民每月都和沈祖比德一样能够收到180元的爱心救助金。这笔钱已经持续发放14年,总额达到了600万元。

"享受爱心救助金的人中间有些是残疾人,跑来不方便,"马文彦说,"就改成一季度发一次,联谊集团也是一季度拨一次款。"

给沈祖比德等贫困居民发放爱心救助金的临夏回族自治州联谊集团,是一家民营企业。董事长马秉礼从经营布料生意起家,成为甘肃省民营企业的带头人和全国的创业之星。2019年7月在中央统战部等部门共同发起、实施的"中国光彩事业临夏行"活动中,马秉礼将投资1500万元建设的联谊碧水景苑小学全部捐出。

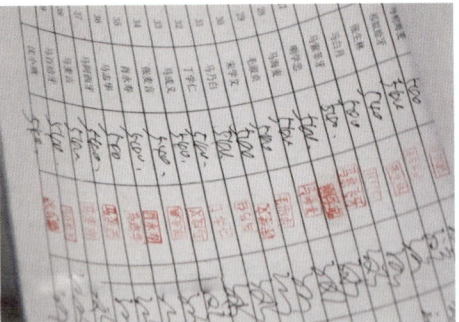

"我捐赠的学校占地是八亩左右,"马秉礼说,"总共建筑面积是6000多平米,计划师生总数为1080人。"

临夏回族自治州位于黄河上游,境内山谷多,平地少,平均海拔2000米,农村常住人口有160万,全州7县1市都是六盘山集中连片特困片区的扶贫重点。其中永靖县、东乡族自治县、积石山保安族东乡族撒拉族自治县是甘肃省的深度贫困县,418个村是深度贫困村,因此,社会扶贫就显得格外重要。

2017年秋天,联谊集团在临夏回民中学设立了两个联谊班,其中有建档立卡贫困户家庭学生30名。集团利用同年设置的奖学金,每年用35万元给50名困难学生每人补助2500元,至今已资助学生300人次。

"我们学校联谊班的学生,"学校教务主任马晖说,"基本上就是我们整个年级最拔尖的学生。这些学生大部分都来自各县贫困的农村家庭。如果没有这样一笔善款资助的话,他们当中可能有一些人因为家庭困难就无法完成学业。"

不仅学校,贫困的乡村也有联谊集团的扶贫对象。

东乡族自治县大树乡的建档立卡贫困户米何都,打工受伤后丧失了劳动能力。就在米何都因困难打算让自己两个孩子辍学的时候,联谊集团给他送来了5000元助学金,使米何都的两个孩子能够继续上学。

"我就是一个从小在困难中过来的人,"马秉礼说,"知道一些人贫困却张不开口,但是他们家里面又相当穷。我挣到钱就拿出20%资助给家庭贫困的人。"

给联谊集团商场当保安的马小龙,是东乡族自治县的建档立卡贫困户，现在一个月的工资就相当于在老家种地一年的收入，这帮助他摘掉了贫困户的帽子。

如此，这家民企为社会提供就业岗位3000多个，各种扶贫和捐款累计达到9000多万元。一家企业就能做到如此规模，那成千上万企业的力量就可想而知了。

在千企帮千村的精准扶贫行动中，甘肃省共有9926家民营企业和商会组织参加到帮扶贫困村的具体实践中。截至2019年年底，共结对帮扶了4877个乡村，投入资金52.07亿元，惠及86.03万贫困人口。甘肃省从号召千家企业帮扶贫困村到实际接近万家企业的数字，再一次证实了社会扶贫的能量和体量。

社会扶贫是一个杠杆，甘肃省部分民营企业家的表现是很突出的；而国有大、中型企业作为主力军投身甘肃省的脱贫攻坚战役中，帮助75个贫困县、区无数的建档立卡贫困户拔掉了穷根、向小康迈进，就更值得大书特书。

陇南市两当县站儿巷镇的田家洼村，在嘉陵江支流云屏河南面的大山深处，全村只有7户人家、20几个村民。这条河流限制了他们的出行。

"河流发大水，人拉人就这样过河。"左秀英说，"水齐腰都得过河哩，有病的人要人背啊。找的人腰上绑的绳子，往过去背，特别困难。"

2016年，中国太平洋保险集团有限公司捐资94万元在云屏河建起了一座长度43米的太平桥，解决了田家洼村与人隔河能说话、相见走半天的行路难问题。大桥建成后的2018年，

建档立卡贫困户左秀英家就脱了贫。

"我们村子、我们大队全部脱贫了。"不愿透露自己姓名的渭源县农民说,"整村脱贫。"

这两位农民给定西市渭源县金鸡产业扶贫项目干活,他们很珍惜这份工作。因为他们是本地人,下班回家还可以种庄稼,这和在外地打工只能撂荒土地不一样。

渭源县是国家扶贫工作重点县,金鸡产业扶贫项目是国务院扶贫开发领导小组办公室牵线引进、由渭源县人民政府与北京德青源公司合作,是"政府投资办厂,企业租赁经营"的新型模式,总投资超过4亿元,饲养蛋鸡240万只,年可加工壳蛋4.2亿枚。

这个项目直接提供就业岗位432个,间接就业人员可以达到1000多人。工厂优先招录建档立卡贫困户上班,就这些贫困户上班挣钱、下班种地,还可以做点其他活计的现状判断,他们的脱贫不是问题。

在社会扶贫行动中,国有大、中企业把扶持甘肃省建档立卡贫困户脱贫当作一项艰巨的政治任务对待,从未松口气歇一歇。

盛夏的陇东,山川塬峁、梁岘沟壑都被好雨水年份的植物覆盖。庆阳市华池县城壕镇中塬村冯家塬组的800亩核桃树,挂满了果实。

这片核桃林是中国石油天然气股份有限公司长庆油田分公司第二采油厂帮扶的脱贫项目。

"塬上的年轻农民,出去打工呢,"中塬村冯家塬村主任尹飞飞说,"也就打些零工,一年出去两个月,一个月挣上3000块钱,一年挣6000块钱。但是核桃树栽植长大以后,是固定收入,农民还可以出去打工,不影响嘛。卖的时候,它是(有)人专门来收的,一棵树的核桃卖800元。我包给你,就这么卖了。"

中塬村面积大,绕村一周竟有74.8公里。2013年,全村260户人家中有接近一半是建档立卡贫困户。在长庆油田分公司第二采油厂对他们开展社会扶贫后,到2018年村上的贫困发生率由原来超过50%下降到17.09%。

"这块地以前是一块山坡地,"摘黄花的农民白雪艳说,"最后采油二厂来的时候就给我们推平了,然后我们就栽了黄花。我家这样的地应该有十亩多吧,一年一亩地大概收入一万块钱左右。"

王显恩是建档立卡贫困户,53岁,患大骨节病,耳聋,母亲70多岁。全家只有两亩山地和10只羊。长庆油田分公司第二采油厂不仅帮扶他们从有垮塌危险的窑洞搬迁到这院新房,还帮助他们脱了贫。现在,老人每天都把房子、院子打扫得干干净净,以此表达娘俩对政府扶贫的感激。

和华池县为邻的环县,是甘肃省的深度贫困县,长庆油田分公司第二采油厂帮扶的该县车道镇刘园子村。在2015年遭遇190天滴雨未降的干旱时,这口在打水井的深度竟然达到叫人咋舌的深度,可见自然环境的严酷。

类似刘园子这样的贫困村,长庆油田分公司第二采油厂帮扶了8个。为此,2019年他们增加了一倍的驻村帮扶干部,落

实 273 万元帮扶资金，涉及扶贫产业和日常生活的各个方面，以扶贫项目实践着社会扶贫的责任和义务。

养鸡专业合作社、养羊合作社、荞麦种植基地等 8 个贫困村的其他扶贫项目都是长庆油田分公司第二采油厂帮扶建成的。从他们所扶持产业表现出的可持续发展的态势，彰显出国企社会扶贫的战略性远见。

当东西部扶贫协作、中央单位定点帮扶、国企帮扶、民企帮扶、干部驻村帮扶保证了甘肃省每一个贫困人口都得到及时救助，就给了甘肃省 2020 年实现全省脱贫宣告成功的基础和底气。为此，陇原大地上每一个人都会感谢、铭记践行社会扶贫对脱贫攻坚作出贡献的一切单位、一切企业和一切个人！谢谢，再谢！